BEI GRIN MACHT SICH IHR WISSEN BEZAHLT

- Wir veröffentlichen Ihre Hausarbeit, Bachelor- und Masterarbeit

- Ihr eigenes eBook und Buch - weltweit in allen wichtigen Shops

- Verdienen Sie an jedem Verkauf

Jetzt bei www.GRIN.com hochladen und kostenlos publizieren

Bibliografische Information der Deutschen Nationalbibliothek:

Die Deutsche Bibliothek verzeichnet diese Publikation in der Deutschen National-
bibliografie; detaillierte bibliografische Daten sind im Internet über http://dnb.d-
nb.de/ abrufbar.

Impressum:

Copyright © 2008 GRIN Verlag, Open Publishing GmbH
Druck und Bindung: Books on Demand GmbH, Norderstedt Germany
ISBN: 9783668347427

Dieses Buch bei GRIN:

http://www.grin.com/de/e-book/344484/psychologische-grundlagen-des-lernens-
und-lehrens-fragenkatalog-mit-ausarbeitung

Katharina Schmidt

Psychologische Grundlagen des Lernens und Lehrens. Fragenkatalog mit Ausarbeitung

GRIN Verlag

1. Was ist der Unterschied zwischen inzidentellem und intentionalem Lernen?

- Intentionales Lernen: absichtlicher Erwerb von Wissen
- Inzidentelles Lernen: unabsichtliches, beiläufiges Lernen – geschieht viel häufiger als absichtliches Lernen

2. Was ist „klassisches Konditionieren" (oder respondentes K.)?

- Durch die Berührung zweier Reize (Kontiguität) und des häufig damit verbundenen Aufbaus einer Signalfunktion des ursprünglich neutralen Reizes → Reizsubstitution (Reizersetzung)
- zunächst neutrale Reiz kann nach Abschluss des Lernvorgangs die gleiche oder eine ähnliche Reaktion auslösen wie der Reiz der angeborenen Reiz-Reaktionsverbindung
- besteht aus <u>3 Phasen:</u>
- *Kontrollphase:*
    - o wird sichergestellt, dass ein spezifischer Reiz (unkonditionierter Stimulus) tatsächlich eine spezifische Verhaltensweise auslöst
- *Konditionierungsphase:*
    - o kommt zu wiederholten zeitgleichen oder eng aufeinander folgenden Darbietung von neutralen und unkonditioniertem Reiz, bis die vorher unkonditionierte Reaktion auch durch die Darbietung des vormals neutralen Reizes ausgelöst wird
- *Löschungsphase:*
    - o um zu überprüfen, ob aus dem vormals neutralen nun tatsächlich ein so genannter konditionierter Stimulus geworden ist

Am Beispiel:
- Unbedingter (unkonditionierte) Reaktion
    - o Anblick von Futter → Speichelfluss (unwillkürlich, tritt auf jeden Fall auf)
- Keine relevante (neutrale) Reaktion
    - o Ton einer Stimmgabel
- Wiederholte Kontiguität
    - o zeitliche Nähe von Futter und Ton: bedingte (konditionierte) Reaktion; Ton ist nun zu einem konditionierten Reit geworden

3. Skizzieren Sie kurz die Sichtweise von Lernen als Verhaltensänderung (Operante Konditionierung)!

- künftige Auftretenswahrscheinlichkeit eines Verhaltens ist abhängig von Konsequenzen, die auf dieses Verhalten folgen.
- *Skinner:* → zwei Formen des operanten Konditionierens, die zum Aufbau eines Verhaltens führen (positive und negative Verstärkung)
    → und zwei, die zum Abbau des Verhaltens führen sollten (Bestrafung („positiv"/"negativ" sowie Löschung)
    → Folgt also auf eine gezeigte Verhaltensweise eine positive Reaktion, so wird dieses Verhalten künftig wahrscheinlich häufiger gezeigt
    → Folgt eine als unangenehm empfundene Reaktion, so wird dieses Verhalten künftig wahrscheinlich weniger häufig auftreten.

4. **Nennen und erläutern Sie jeweils kurz die vier operanten Lernprinzipien und geben Sie jeweils ein pädagogisch relevantes Beispiel für jedes der vier operanten Lernprinzipien!**

- Reiz wird verbunden entweder mit angenehmer oder unangenehmer Empfindung
- Reiz → Reaktion positiv (Angenehme Empfindung: Verstärkung)
- Reiz → Reaktion negativ (Unangenehme Empfindung: Bestrafung)

- *1. Positive Verstärkung / Belohnung = Darbietung eines positiven Reizes*
  - Bsp.: Ein Schüler gibt eine richtige Antwort und erhält dafür vom Lehrer ein Lob

- *2. Negative Verstärkung / Belohnung = Beendigung eines als negativ empfundenen Zustands*
  - Bsp.: Weil der Schüler seine Strafarbeit zügig beendet hat, verkürzt der Lehrer die Nachsitz-Zeit

- *3. Bestrafung: Darbietung eines negativen Reizes („positive" Bestrafung) bzw. Entzug eines als positiv empfundenen Reizes („negative" Bestrafung)*
  - Bsp.: → Ein Schüler stört den Unterricht und wird vom Lehrer getadelt („Positive" Bestrafung im Sinne von *Darbietung* eines negativen Reizes)
    → Ein Schüler stört seine Klassenkameraden massiv und wird vom Klassenausflug ausgeschlossen.
    („negative" Bestrafung im Sinne von Entzug eines als positiv empfundenen Reizes oder Zustands).
    → Man beachte: sollte der Schüler a) die Aufmerksamkeit genossen haben, die ihm durch den Tadel zugekommen ist oder b) sowieso keine Lust auf den Klassenausflug gehabt haben, so wird die „Bestrafung" in beiden Fällen als *Verstärkung* wirken.

- *4. Löschung: Keine Konsequenz auf gezeigtes Verhalten*
- Bsp.: Ein Schüler stört den Unterricht durch laute Zwischenrufe, die allerdings vom Lehrer ignoriert werden.

5. **Was bedeutet „negative Verstärkung"? Erklären sie bitte an einem Beispiel!**

- Verstärkung durch Entzug eines unangenehmen Reizes
- dies wirkt belohnend → indirekte positive Empfindung
- **Beispiel:**. ein Schüler musste immer Zusatzaufgaben erledigen, weil er andere Kinder im Unterricht gestört hat und durfte an Spielen nicht teilnehmen. Da er sich gebessert hat, muss er keine Sonderaufgaben mehr lösen und darf wieder teilnehmen (negativer Reiz wird entzogen → positive Wirkung)

6. **Erläutern sie bitte anhand der Theorie des klassischen Konditionierens die Entstehung von Schulangst. Verwenden sie dabei bitte die entsprechenden Fachbegriffe!**

- Kind macht unangenehme Erfahrung in der Schule
- unkonditionierte Reaktion: Angst vor Schule, wegen schlechter Erfahrung
- neutrale Reaktion: sehen, hören von irgendeiner Schule (löst keine Reaktion aus)
- wiederholtes Auftreten von schlechter Erfahrung in der Schule (unkonditionierte Reaktion)

- sehen, hören einer Schule → löst Angst aus (konditionierte Reaktion)

7. Wie müssen wirksame Strafen beschaffen sein?

- Strafe so setzen, dass kein unerlaubtes Ausweichen möglich ist
- So intensiv wie möglich
- Sollte unmittelbar auf unerwünschtes Verhalten folgen – maximale Intensität anwenden
- keine langen Bestrafungsphasen
- nicht mit einer Verstärkung assoziieren, dass Bestrafung nicht verstärkende Eigenschaften erwirbt;
    - Bsp. Kind schimpfen, für Kind hat es verstärkende Wirkung, weil vielleicht sonst keiner um ihn kümmert, sich mit ihm beschäftigt → Bestrafung nicht wirksam
- Entzug positiver Verstärkung → Bestrafung

8. Was spricht gegen Strafen im Sinne einer verhaltenspsychologischen Sichtweise von Lernen?

- durch Strafe ließe sich (nach Skinner) unerwünschtes Verhalten nur unterdrücken, so dass es nach Absetzen der Strafe in fast dem gleichen Maße wieder auftrete wie vorher
- Fehleinschätzung, dass Bestrafungen nicht geeignet seien, um überdauernde Verhaltensänderungen hervorzurufen
- es wurde aber nachgewiesen, dass Bestrafungen bei geeigneter Anwendung ebenso effektiv sein können wie Verstärkungen
- doch Bestrafungen können auch unerwünschte Nebeneffekte hervorrufen (Angst gegenüber dem Strafemden, Vermeidungsverhalten, Aggressionen)

9. Welche Alternativen zu Strafen gibt es aus verhaltenspsychologischer Sicht?

- *Extinktion (Löschung):*
    - durch kontingente Verstärkung wird ein erwünschtes Verhalten aufgebaut
    - z.B. Pluspunkte beim Melden im Unterricht → erhöht sich freiwilliges Melden
    - Verstärker (Pluspunkte) werden nach einer Weile wieder abgesetzt → freiwillige Meldungen sinken
    - allmähliche Löschung des neu erlernten Verhaltens (Extinktion)
    - Form der indirekten Bestrafung, Entzug eines positiv empfundenen Reizes
- *Auszeit, Folgekosten:*
    - Auszeit (time out) – Verstärkung (Pluspunkte) wird Zeit lang vorenthalten, Bsp. melden aber mit Finger dabei schnipsen → so lang Auszeit, bis unerwünschte Zusatz weg ist
    - Folgekosten (response costs) – wenn Ausmaß unangenehmer Folge bewusst → dann Unterlassung des unerwünschten Verhaltens
- *differentielle Verstärkung:*
    - Schüler bekommt Pluspunkte, wenn er es unterlässt zu schnipsen → unerwünschte Verhaltensweis unterdrücken durch Belohnung

10. Skizzieren sie kurz „Lernen am Modell"!

- Albert Bandura 1960

- = Verhaltensänderung durch Beobachtung
- Beobachter nimmt wahr, dass Modell für bestimmtes Verhalten verstärkt wird → ahmt
  dieses Verhalten nach, ohne selbst dafür verstärkt worden zu sein

11. Weshalb ist Lernen am Modell pädagogisch relevant?

- Experiment: Kinder sah anderen Kind zu, wie es gewalttätig war und unterschiedliche
  Konsequenzen dafür erhielt
- Schlussfolgerung für Pädagogik: besonders Personen mit Vorbildcharakter
  (Lehrer/Eltern) haben erheblichen Einfluss auf Verhalten der Kinder, weil diese gemäß
  dem Modelllernen bestimmte Verhaltensweisen nachahmen
- Wenn ein Kind also sieht, dass eine negative Handlung (Gewalt) eines andern belohnt
  wird, wird es dieses Verhalten mit großer Wahrscheinlichkeit nachahmen (siehe auch
  stellvertretendes Lernen)
- Ist man sich dieser Tatsache bewusst, kann man darauf angemessen reagieren, z.B.
  Stichwort "Macht Fernsehen aggressiv?"

12. Erläuterung der Begriffe „Proposition", „Schema", „mentales Modell" und „Skript" mit Beispielen.

- **Proposition:**
    - o Im Rahmen der Kognitionspsychologie:
        - ▪ → Proposition = Aussage, mit der die Repräsentation sprachlicher Inhalte
          auf der Bedeutungsebene beschrieben wird
        - ▪ enthalten Information über eine Gegebenheit oder einen Gegenstand
        - ▪ geben Beziehungen zwischen einem oder mehreren Eigenschaften oder
          Relationen dieses Gegenstandes an.
        - ▪ propositionale Darstellung einer Episode: sowohl
          → Informationen über ein Subjekt (das etwas tut) als auch
          → Informationen über Ziele oder Folgen einer Handlung oder auch
          → Informationen über die Zeit (die während Handlung verstreicht)
    - o Ursprünglich stammt Begriff aus formalen System der Prädikatenlogik
        - ▪ Auch hier: Proposition = Informationseinheit, die Aussagen über
          Gegenstände, Subjekte oder deren Beziehung zueinander enthält
        - ▪ Werden Notationen verwendet um Propositionen auszudrücken und eben
          diese Informationseinheit
    Beispiel: Regen ist nass.

- **Schema:**
    - o = wie eine Proposition, auch eine Beschreibungseinheit von
      Gedächtnisrepräsentationen
    - o Diese kann aber komplexere Handlungsmuster, automatisierte Tätigkeiten,
      Routinen, Gesellschafts- und kulturabhängige Ereignisse etc. erfassen.
    - o Wissen über diese Sachverhalte ist durch Erfahrung zu Stande gekommen
    - o = ähnlich, wie ein Konzept oder ein Skript, ein komplexes Repräsentationssystem
        - ▪ Es kann Subschemata enthalten oder in übergeordnete Schemata
          eingeordnet werden
    Beispiel: Vogel; Subschemata: Singvogel, Spatz; übergeordnetes Schemata: Tier
    auch Schema für Handlungsabläufe: Restaurantbesuch

- **Mentales Modell:**
    - o = bezeichnet eine Form der analogen Repräsentation von Wissen
    - o Konzept basiert auf Annahme, dass Menschen strukturelle und/oder dynamische Aspekte von komplexen Problembereichen dadurch repräsentieren, dass sie modellhafte Vorstellungen aufbauen
    - o Diese Modellvorstellungen lassen die in Frage stehenden Sachverhalte und Abläufe anschaulicher werden und erlauben es, diese mental zu repräsentieren
    - o handelt sich um eine Rahmenvorstellung menschlicher Wissensrepräsentation, deren Stärke darin liegt, der Ganzheitlichkeit, Systematik und Dynamik alltagsnaher Repräsentationen komplexer Sachverhalte Rechnung tragen zu können

  Beispiel: Aufbau und Funktion technischer Geräte, Nutzung von Gebrauchsanweisungen

- **Skript:**
    - o = sehr spezielle Form komplexer Schemata
    - o beinhalten Repräsentationen von verallgemeinertem Wissen über Handlungsmuster in bestimmten Situationen
    - o können als Handlungsanleitung in jenen definierten Situationen betrachtet werden
      → werden somit als mentales Regie- oder Drehbuch angesehen

  Beispiel: Vorstellungsgespräch

13. „Konkrete Bilder werden besser behalten als abstrakte". Diskutieren Sie bitte diese Annahme: Durch welche Theorie wird diese Annahme gestützt?

- Die Theorie der dualen Kodierung nach Paivio stützt diese Annahme:
- Theorie geht von positiven Wirkung auf das Behalten aus, wenn eine Information sowohl bildhaft als auch verbal verarbeitet wird
- Vorstellung der Theorie 1971 → „Bildüberlegenheitseffekt" sollte damit erklärt werden
  → demnach behält man Bilder besser als Wörter

- Kernstück dieser Theorie ist die Annahme von zwei funktional unabhängigen, aber miteinander in Verbindung stehenden kognitiven Systemen
  • Das verbale System kodiert wahrgenommene Informationen in sprachlicher Form
  • Das visuell-nonverbale System verarbeitet und speichert Informationen in einer bildhaften Repräsentationsweise

- Welches System von Reiz aktiviert wird, ist abhängig vom Reiz selbst
    - o Wörter aktivieren unmittelbar das verbale Gedächtnissystem
    - o Bilder aktivieren das visuell-nonverbale Gedächtnissystem
- beiden Systeme korrespondieren miteinander
    - o *Beispiel*: lesen des Wortes „Hund" → kommt spontan zu Kodierung durch das verbale System → aber auch das visuell-nonverbale System wird einbezogen und bildhafte Vorstellung eines Hundes geweckt → dritte Ebene: kommt zu Assoziationen in den Kodierungssystemen (Hund, Bellen, Zähne usw.)

- Doppelkodierungen:
    - o = Aktivierungen beider Kodierungssysteme durch einen Reiz
    - o treten (nach Paivio) vor allem bei konkreten Bildern und *konkreten* Begriffen (z.B. „Hund") auf (nicht dagegen bei abstrakten Begriffen wie „Liebe")
    - o konkretes Bild weckt auch dazugehörige Wort
    - o konkretes Wort aktiviert eine korrespondierende bildliche Vorstellung

- o   Mitaktivierung des verbalen Gedächtnisses bei Bildern ist stärker als die des bildhaften Gedächtnisses bei Wörtern
- o   Mit-Aktivierung des bildhaften Gedächtnisses ist außerdem bei konkreten Wörtern stärker als bei abstrakten Wörtern

→ Mit dieser Theorie der Doppelkodierung erklärt Paivio das Phänomen, dass Bilder besser als Wörter und konkrete Wörter besser behalten werden als abstrakte.

14. Was besagt die „Doppelcode-Theorie" (dual code theory) nach Paivio (1971)?

- Wissen ist nach der Doppelcode Theorie folgendermaßen gespeichert:
  - was wir sehen wird bildhaft gespeichert → räumlich- analoge Kodierungsmerkmale visuelles Material
  - was wir sprachlich wahrnehmen wird verbal gespeichert → sequentiell-lineare Kodierung
- (andere Theorien besagen, dass es ein einheitliches, abstrakt- propositionales Repräsentationsformat von Wissen gibt, dass es erlaube beim Gedächtnisabruf sowohl bildhafte und auch verbale Erinnerungen zu rekonstruieren, Doppelcode Theorie besagt, dass beide Codierungen Rolle spielen)

15. Skizzieren sie kurz die Unterschiede zwischen deklarativem und prozeduralem Gedächtnis!

- Unterscheidung bei Repräsentationsformen des menschlichen Wissens
- *deklaratives Gedächtnis*:
  - o   bewusste Repräsentation für Fakten, Ereignisse
  - o   unterteilt sich weiter in:
    - episodische (Ereignisse, Erlebnisse) Gedächtnisinhalte und
    - semantische (abstrakte Zusammenhänge, Hund=Tier) Gedächtnisinhalte
  - o   im Langzeitgedächtnis in komplexer Weise miteinander verknüpft
  - o   ganze Netzwerke: Knoten, zwischen Knoten vielfältige Verbindungen (Relationen) unterschiedlicher Qualität und Stärke (→ Aktivierung eines Knotens führt zur Aktivierung der verbundenen Knoten, z.B. Ostern → Eier, Hase, Frühling…)
    → Prinzip der Aktivierungsausbreitung
- *nicht-deklarative* auch *prozedurales Gedächtnis*:
  - o   besteht aus einfachen, mechanisch erlernten motorischen Schemata (Fertigkeiten)
  - o   diese Repräsentationen sind im Wesentlichen unbewusst und können weit weniger gut erläutert werden (z.B. erklären wie man Auto fährt…)

16. Welches sind nach Hasselhorn & Gold die drei allgemeinen Prinzipien der Informationsverarbeitung? (Nach Hasselhorn die drei Prinzipien: Aufmerksamkeit zuwenden, hinreichende Wiederholung, Abgleich mit vorhandenem Wissen, S. 54 ff)

- Zur Erleichterung des Wissenserwerbs
- <u>Aufmerksamkeit</u> zuwenden, damit das gelingt:
  - Widersprechende Aufforderungen
  - Bei Verwendung von Beispielen zur Vertiefung eines Lerngegenstandes stets auf Bekanntes zurückgreifen
  - Möglichst viele Variationen bei der Stoffdarbietung vorzunehmen
- <u>Übung</u>
  - Durch Formen des aktiven Lernens
  - Einprägungshilfen: lautes Aufsagen (Rezitieren), das nochmalige Durcharbeiten, Wiederholen von bereits Gelerntem (Überlernen), Anwendung von Erinnerungshilfen beim Einkodieren (Mnemotechniken – Verknüpfen bildhafter Vorstellungen)
- <u>Abgleich mit vorhandenem Wissen</u>
  - Vorstrukturierung des Lernstoffs durch eine geeignete vorangestellte Zusammenfassung (Advanced Organizer)
  - Bedeutungsanreicherung durch das Anbieten von Assoziationen
  - Hierarchische Gliederung von Lernmaterial und Lernabfolge (vom Einfachen zum Komplexen

17. Was versteht man unter „Advance Organizer"?

- Vorangestellte Einordnungshilfen, Strukturierungshilfen (Ausubel 1960)
- Vergleichend (Analogien):
  - o Beispiel: Islam – Christentum (wird zunächst das Christentum ins Gedächtnis gerufen und dann mit dem Islam verglichen),
    Atom – Planetensystem
- Expositorisch (darbietend):
  - o Beispiel: Ohm'sches Gesetz (elektrischer Widerstand – Schubkarre auf schlammiger Straße schieben)
    Durchlaufbare Netze (Haus von Nikolaus) – Verkehrsnetz

- Ziel: Anregung des Lernprozesses durch eine „erzwungene" Aktivierung bereits bekannter Inhalte
- Vorstrukturierung des Lernstoffes durch eine geeignete vorangestellte Zusammenfassung
- Führen zu besseren Verstehens- und Behaltensleistungen
- Einordnungshilfen wirksam, wenn sie beim Lernenden verfügbare Vorkenntnisse (geeignete Schemata) aktivieren, die es ermöglichen, die neuen Infos daran anzupassen (assimilieren) oder vorhandene Schemata zu korrigieren (akkommodieren)

18. Wie kann man das Behalten bzw. die Verfügbarkeit einmal erworbenen Wissens erhöhen? (Wiederholen (verteilte Übung), multiple Kodierung, Chunking)

- <u>Verteilte Übung</u> anstatt massierte Übung
    - o Lernzeit auf viele Lerngelegenheiten über einen längeren Zeitraum verteilen, als sie in einem einzigen Lernblock zusammenzufassen
    - o Für Wiederholungen der Inhalte optimale Zeitintervalle wählen – d.h. die erste Wiederholungsphase sollte dann einsetzen, wenn Sie den Stoff gerade noch korrekt erinnern können
    - o Verteilte Übung hat langfristigen Effekt, massierte Übung dagegen kurzfristigen Effekt
- <u>Multiple Kodierung</u> (Mnemotechniken):
    - o Ziel ist Information möglichst multipel und elaborativ zu kodieren und nach unterschiedlichen Gesichtspunkten mehrfach mit dem bereits vorhandenen Wissensnetz zu verknüpfen
    - o dadurch wächst nach dem Prinzip der Enkodierungsspezifität (=der Kontext beim Abruf sollte mit dem Kontext der Enkodierung übereinstimmen) die Wahrscheinlichkeit, das Wissen langfristig und in unterschiedlichen Kontexten zur Verfügung zu haben.
    - o Bsp.: zu dem Text eine Mind-Map erstellen (Text und Bild)
- <u>Chunking:</u>
    - o einzelne Items (Informationseinheiten) werden gebündelt (z.B. auf der Basis von Ähnlichkeit oder einem anderen Organisationsprinzip).
    - o ***Beispiel:***
      Wie viele Chunks finden Sie in folgender Reihe, die aus 20 Ziffern besteht:
      16181870191419391989?
      Antwort:
      20 – wenn Sie die Liste als eine Folge Unzusammenhängender Ziffern sehen.
      5 – wenn Sie die Reihe in die Jahreszahlen großer Ereignisse der deutschen Geschichte einteilen (Ausbruch des 30-jährign Krieges, des deutsch-französischen Krieges, des ersten und des zweiten Weltkrieges und die Wiedervereinigung Deutschlands). Wenn Sie letzteres tun, wird es Ihnen viel leichter fallen, die Reihe von Zahlen zu behalten und wiederzugeben.

19. Skizzieren Sie kurz Bartletts „Schematheorie" (1932)!

- Hierarchisch organisierten Schemata, die sich aus Erfahrungen und Reaktionen aus der Vergangenheit zusammensetzen
- Reizinformationen werden nach seiner Ansicht schemageleitet aktiv verarbeitet und transformiert.
    - o Text einer indianischen Sage -> Probanden sollen Inhalt wiedergeben -> es kommt zu „Fehlern": Auslassungen, Hinzufügungen, Veränderung (so verändert, das sie Geschichte an vertraute Geschichten-Schemata angepasst wurden, das es für den Sprecher „sinnvoll" ist)
- Re-Konstruktion statt Abruf aus dem Gedächtnis (Reproduktion)

20. Wie werden nach Aebli Wissensstrukturen aufgebaut?

- Modell des begrifflichen Dankens
- Postuliert drei zentrale Mechanismen (→ liegen dem Verstehensprozess zugrunde)

  o 1. Verknüpfen und wieder Zerlegen
     - = Inbezugsetzen von begrifflichen Elementen durch Relationen
  o 2. Verdichten (Objektivieren) und wieder Auseinanderfalten (Dekomponieren)
     - Ketten der verknüpften Elemente werden zu Elementen höherer Ordnung verdichtet
     - Elemente höherer Ordnung können dann als Objekte des Denkens wieder zu weiteren Verknüpfung und Objektivierung genutzt werden
  o 3. Strukturieren und wieder Rekonstruieren
     - hierbei wird der neue Begriff in die Wissensstruktur aufgenommen oder aber die Wissensstruktur wird verändert, also Rekonstruiert

21. Was macht nach dem GIV- Modell einen guten Informationsverarbeiter aus?

gute Informationsverarbeiter:
- sind reflexiv,
- planen ihr Lernverhalten,
- nutzen effiziente Lernstrategien,
- wissen, wie, wann und warum solche Strategien einzusetzen sind,
- sind motiviert, diese Strategien einzusetzen,
- nutzen Lernstrategien zunehmend automatisch.
- überwachen ihre Lern- und Leistungsfortschritte,
- verfügen über ein Kurzzeitgedächtnis mit hoher Kapazität,
- verfügen über ein reichhaltiges Weltwissen,
- vertrauen ihren Lernfähigkeiten,
- sind davon überzeugt, dass sie sich stets weiter verbessern können und halten dies auch für wünschenswert,

stellen sich immer wieder neue(n) Anforderungen

22. Skizzieren Sie bitte das Modell des Arbeitsgedächtnisses nach Baddeley!

Aufbau und Grundannahmen
- mehrsystemisches Modell des Arbeitsgedächtnis
- zeichnet sich durch komplexes Systemgefüge aus, in dem unterschiedliche Subsysteme miteinander interagieren
- So kommt es je nach Reizeinfluss zur Aktivierung des *visuell-räumlichen Arbeitsgedächtnisses* oder des *phonologischen Arbeitsgedächtnisses*
- zentrale Leitstelle: *zentrale Exekutive*, der die beiden erstgenannten Systeme untergeordnet sind
- Verbindungsmechanismus zwischen den Hilfssystemen, der zentralen Exekutiven und dem Langzeitgedächtnis (episodischer Puffer)
- Aufgaben des Arbeitsgedächtnisses gehört:
  o Speichern und Abrufen der Informationen
  o Transformationsprozesse, die komplexere Lernprozesse ermöglichen können
- Gedächtnisspanne liegt im Durchschnitt bei ca. 5-9 Items (7+/-2)
  o können nach einmaliger Darbietung in vorgegebenen Reihenfolge wiederholt werden bzw. der Arbeitsgedächtnisspanne (bei komplexeren Anforderungen, also vielfältige Speicher- und Transformationsprozesse)

Beschreibung der Teilsysteme und ihren Aufgaben
- *Visuell-Räumliches AG:*
- Informationen mit visuellen und räumlichen Merkmalen werden hier gespeichert und verarbeitet
- innerhalb dieses Systems sollten zwei Komponenten angenommen werden:
  o visueller Speicher, bzw. „visual cache"
    ▪ hier werden Merkmale der Form und Farbe in einem statischen Format repräsentiert
  o ein Mechanismus für die Aufnahme räumlicher Bewegungssequenzen, dem „inner scribe"
    ▪ dieser besitzt dynamisches Repräsentationsformat und kann Informationen des visuellen Speichers durch „mentales Abschreiben" langfristig verfügbar machen

- *Phonologisches AG:*
- Verarbeitung sprachlicher und akustischer Informationen
- Begriff nach Baddeley (1986): „phonologische Schleife"
- zwei Komponenten, die unterschiedliche Aufgaben im Informationsverarbeitungsprozess übernehmen:
  o phonetischer Speicher bzw. „phonological store"
    ▪ sprachliche und klangliche Information wird hier für etwa 1,5- 2 Sekunden repräsentiert und dann überschrieben
  o subvokaler Kontrollprozess, bzw. „subvocal rehearsal"
    ▪ dieser wiederholt Informationen des phonetischen Speichers, so dass Informationen über einen längeren Zeitraum für die Verarbeitung präsent bleiben.

23. Skizzieren Sie kurz das Phänomen der „selektiven Aufmerksamkeit"! Welche Bedeutung hat es für Lernen und Unterricht?

Zwei – Prozess – Theorie der selektiven Aufmerksamkeit (Neisser):
- Diskriminationsprozess, in dessen verlauf die in den sensorischen Registern festgehaltenen Informationsmerkmale danach beurteilt werden, ob sie relevant sind oder nicht
- Prozess der Zuweisung, der vorhandenen (und begrenzten) Aufmerksamkeitskapazität auf die als relevant erkannten Informationsmerkmale (Fokussierung)

- Personen unterscheiden sich darin, ob und wie leicht sie sich von Aufgaben irrelevanten Informationen ablenken lassen
- auch für das schulische Lernen sind interindividuelle Unterschiede im Bereich der Aufmerksamkeit von großer Bedeutung
- Aufmerksamkeits- und Konzentrationsschwierigkeiten von Schülern und die mit ihnen häufig einher gehenden Verhaltensauffälligkeiten sind vielfach auf Probleme der Diskrimination und Fokussierung der Aufmerksamkeit zurück zu führen.
- Im Unterricht sollten Maßnahmen darauf abzielen, dass die Aufmerksamkeit der Lernenden aktiviert und gelenkt wird, z.B.
  - die Ankündigung und Betonung einer relevanten Information,
  - neue Informationen sollten mit vorab erworbenen Wissensbeständen in Bezug gesetzt werden,

im Unterricht sollte vor der dem eigentlichen Beginn der Lerneinheit vermittelt werden, was die Lernziele im Bezug auf den neuen Stoffinhalt sind.

24. Welche drei Teile des Langzeitgedächtnisses werden unterschieden?

- Visuell-räumliches Arbeitsgedächtnis
- Phonologisches Arbeitsgedächtnis
- Zentral-exekutive Funktion

25. Was versteht man unter der „Gedächtnisspanne"?

= maximale Anzahl von Items (meist Ziffern oder Wörter), die im Anschluss an eine einmalige Darbietung (meist akustisch im Sekunden -Rhythmus) in der vorgegebenen Reihenfolge wiedergegeben werden kann.

26. Warum könnte es hilfreich sein, sich genau in dem Raum auf eine Klausur vorzubereiten, in dem sie später die Klausur schreiben werden? Bitte erläutern sie!

27. Skizzieren Sie bitte kurz den Zusammenhang zwischen Intelligenz und Vorwissen!

- In vielen Wissensdomänen: überzufälliger, gering statistischer Zusammenhang
  zwischen dem Vorwissen und der allgemeinen Intelligenz
- Inhaltliche Experten in unterschiedlichen Bereichen weisen (im Vergleich zu Novizen)
  bessere Intelligenztestwerte auf
- Studie (Schneider, Körkel und Weinert) zum Zusammenhang von Vorwissen und
  Intelligenz zeigte:
  - auch bei hoher Intelligenz ist gutes Vorwissen nicht entbehrlich, um gute
    Lernleistungen in einem Inhaltsbereich zu erzielen
  - sogar umgekehrter Schluss nahe: reichhaltiges Vorwissen kann sogar Mangel an
    allgemeiner Intelligenz bis zu gewissen Grade kompensieren
  - eine solche Kompensation hat ihre Grenzen:
    gefundene korrelative Zusammenhänge zwischen Vorwissen und allgemeiner
    Intelligenz zeigen an, dass es intelligenten Personen in der Regel leichter fallen
    wird, Vorwissen zu erwerben

28. Was ist das phonologische Arbeitsgedächtnis? Wodurch ist es gekennzeichnet?

ein Hilfssystem des Arbeitsgedächtnisses
- zuständig für Verarbeitung sprachlich/akustischer Informationen

- *Merkmale der Funktionsweise des PA:*
  - sprachbasiert
  - funktionale Gesamtkapazität ist begrenzt
  - phonetischer Speicher ist zeitlich begrenzt
  - subvokaler artikulatorischer Kontrollprozess ist begrenzt
  - Speicherformat ist akustisch-phonetisch
  - Sprache hat unmittelbaren Speicherzugang
  - unabhängige simultane Speicherinhalte stören sich (interferieren)
  - vokale Artikulation (Sprechen) behindert die subvokale artikulatorische Kontrolle

- Baddeley → bezeichnete dieses System als „phonologische Schleife"
- Schleife besteht aus zwei Komponenten:
  1) phonetischer Speicher
  *= Repräsentation klanglicher und sprachlicher Informationsmerkmale für etwa eineinhalb bis zwei
  Sekunden, vorstellbar als Tonband – Endlosschleife mit sehr kurzer Aufnahmekapazität, im
  aufmerksamen Zustand permanent auf Empfang geschaltet, für Verarbeitungsprozess nicht mehr
  benötigte Informationen werden nach zwei Sekunden „überschrieben"*
  2) subvokaler Kontrollprozess
  *= Art „inneres Sprechen/Wiederholen"; somit werden Informationen im Phonetischen Speicher
  immer wieder aufgefrischt; Informationen könne so über längeren Zeitraum für weitere
  Verarbeitung präsent bleiben; dient der Übersetzung von bildlichen Informationen in sprachliche
  durch phonetisches Umkodieren des visuell dargebotenen Materials (auch Dekodieren von
  Graphemen beim Lesen)*

- bildet hervorragende Basis für Verarbeitung von Reihenfolgeinformationen
- nicht nur Verarbeitung von verbalem Material sondern auch Verarbeitung zeitl. Muster

29. Was sind im Kontext des Modells des Arbeitsgedächtnisses die „zentral-exekutiven Funktionen"

- für Überwachung und Kontrolle der Inhalte und Verfügungskapazitäten des gesamten Arbeitsgedächnisses + Anpassung und Steuerung der darin ablaufenden Verarbeitungsprozesse
  = Supervisions- und Kontrollsystem der eigenen Aufmerksamkeit
  = Übergeordnetes Kontrollsystem des Arbeitsgedächtnisses
- Überwachung der in Hilfssystemen aktivierten Inhalte
- Verantwortung, welche Informationen bewusst gemacht oder in irgendeiner Form zur Verarbeitung transformiert werden sollen
- Entwurf, Umsetzung, Überwachung und Modifizierung von Verarbeitungs- und Handlungsplänen
  → dazu   1) Koordination von Informationen aus verschiedenen Quellen
  2) Ausgewählte Informationen gezielt in Fokus der Aufmerksamkeit stellen
  3) Wissen aus Langzeitgedächtnis aktivieren
  4) Unterdrückung von aufdrängenden aufgabenirrelevanten Handlungsimpulsen während des Lernprozesses
- Vier verschiedene zentral-exekutive Funktionen:
  o Koordinationskapazität
  o Flexibilität *(beim Wechsel von Abrufstrategien)*
  o Selektive Fokussierung *(relevanter, bei Ausblendung irrelevanter Informationen)*
  o Selektive Aktivierung von Wissensinhalten *(aus Langzeitgedächtnis)*

wird der Region des Frontallappens zugeordnet

30. Skizzieren sie bitte kurz den Cocktailpartyeffekt und legen sie dar, wie dir Forschungsergebnisse sich auf schulisches Lernen übertragen lassen.

- Cocktailpartyphänomen = Veränderung der Aufmerksamkeitsfokussierung
- Z.B. auf Party unterhalten sich viele Grüppchen, in einer bisher unbeachteten Gruppe fällt der eigene Name, man lenkt dann seine Aufmerksamkeit von seiner eigenen „Gruppe" auf die andere Gruppe und lauscht deren Gespräch
- Im Bezug auf schulisches Lernen:
  o Im Unterricht Maßnahmen ergreifen, um die Aufmerksamkeit der Lernenden zu aktivieren und zu lenken
  o z.B. die Ankündigung und Betonung einer relevanten Information → so kann die Aufmerksamkeitszuwendung bewusst aktiviert und gesteuert/reguliert werden → ermöglicht Prozesse der selektiven Aufmerksamkeit
  *(**selektive Aufmerksamkeit** = gute Leistungen bei einer kognitiven Aufgabe hängen davon ab, ob und wie gut zwischen relevanter und irrelevanter Information unterschieden wird)*
  o vor der dem eigentlichen Beginn der Lerneinheit die Lernziele vermitteln *(im Bezug auf den neuen Stoffinhalt)*
  → da somit Vorwissen aktiviert wird, das als Wegweiser für wichtige/unwichtige Informationen dient, somit wird selektive Aufmerksamkeit erleichtert
  o neue Informationen mit vorab erworbenen Wissensbeständen in Bezug setzen

31. Welche Bedeutung hat das Vorwissen für das erfolgreiche Lernen?

- Vorwissen = bereits verfügbares Wissen
- Je mehr relevantes/inhaltsbezogenes Vorwissen → desto erfolgreicher das Lernen
- Reichhaltiges Vorwissen kann Mangel an allgemeiner Intelligenz bis zu gewissen Grad kompensieren
- Bereichsspezifisches Vorwissen → beeinflusst Behaltensleistung mehr als Alter und Intelligenz
- → große Bedeutung bereichsspezifischen Vorwissens für erfolgreiches Lernen

32. Was versteht man unter Lernstrategien? Bitte geben Sie eine allgemeine Definition an!

<u>Definition nach Hasselhorn, S. 90</u>
Unter „Lernstrategien" versteht man Prozesse bzw. Aktivitäten, die auf ein Lern- oder
Behaltensziel ausgerichtet sind und die über die obligatorischen Vorgänge bei der Bearbeitung
einer Lernanforderung hinausgehen. Lernstrategien weisen wenigstens eine zusätzliche
akzessorische Eigenschaft auf, indem sie entweder intentional, bewusst, spontan, selektiv
kontrolliert und / oder kapazitätsbelastend sind bzw. eingesetzt werden.

- Prozesse/Aktivitäten
- Auf Lern- oder Behaltensziel ausgerichtet
- Gehen über obligatorische Vorgänge bei der Bearbeitung einer Lernanforderung hinaus
- Weisen (wenigstens eine) zusätzliche akzessorische Eigenschaft auf
    - o D.h. werden entweder *intentional, bewusst, spontan, selektiv kontrolliert und / oder kapazitätsbelastend* eingesetz

Oder:
<u>Definition nach Friedrich und Mandl, 1992 (s. Zusatztext Wild / Hofer / Pekrun, S. 245)</u>
Lernstrategien werden zum einen als mental repräsentierte Schemata oder Handlungspläne
zur Steuerung des eigenen Lernverhaltens gefasst, die sich aus einzelnen Handlungssequenzen
zusammensetzen und situationsspezifisch abrufbar sind. Zum anderen sind Lernstrategien
Sequenzen von Handlungen, mit denen ein bestimmtes Lernziel erreicht werden
soll.

- Steuerung des eigenen Lernverhaltens
- Mental repräsentiertes Schemata oder Handlungspläne
- Zusammensetzung aus einzelnen Handlungssequenzen
- Situationsspezifisch abrufbar
ODER:
- Sequenzen von Handlungen
Zur Erreichung eines bestimmten Lernziels

33. Welche Gruppen von Lernstrategien (mit Substrategien) werden unterschieden und welche Funktionen erfüllen diese jeweils?

1 <u>Kognitive Strategien</u> *(auch Informationsverarbeitungsstrategien)*
  = Primärstrategien
- dienen der unmittelbaren Informationsaufnahme, -verarbeitung und –speicherung

  o Wiederholungsstrategien **= Oberflächenstrategien**
  o Organisationsstrategien, Elaborationsstrategien **= Tiefenstrategien**

  o Mnemonische Strategien (Wiederholung) **= Oberflächenstrategien**
  o Strukturierungsstrategien (Organisation), Generative Strategien (Elaboration)
     = Tiefenstrategien

2 <u>Metakognitive Strategien</u> *(auch Kontroll- oder Regulationsstrategien)*
  = Primärstrategien
- sind Lernaktivitäten, die eine Überwachung, Bewertung und Regulation der eigenen Lernprozesse beinhalten
- gewährleisten eine „interne Erfolgskontrolle

  o Planung
  o Überwachung
  o Bewertung
  o (Regulation

3 <u>Ressourcenorientierte Strategien</u> *(auch Stützstrategien)*
  = Sekundärstrategien
- zielen auf eine Optimierung innerer und äußerer Ressourcen ab
  o Anstrengungsmanagement
  o Aufmerksamkeit
  o Zeitmanagement
  o Gestaltung der Lernumgebung
  o Nutzung zusätzlicher Informationen

34. Geben Sie bitte je ein Beispiel für die unterschiedlichen kognitiven Strategien!

<u>1. Wiederholungsstrategien / Mnemonische Strategien (= Oberflächenstrategien)</u>
Beispiel: einfaches Wiederholen der Inhalte durch wiederholtes (lautes) Aufsagen, Schlüsselwortmethode

<u>2. Organisationsstrategien / Strukturierungsstrategien (= Oberflächenstrategien)</u>
Beispiel: Anfertigen von Tabellen, Schaubildern und Diagrammen zur Strukturierung des Stoffes. Auch: Mind-Mapping

<u>3. Elaborationsstrategien / generative Strategien (= Tiefenstrategien)</u>
Beispiel: Analogienbildung (bei diesen Strategien geht es nicht um die einfache Reduktion von Information sondern um die Elaboration (= Herausarbeitung) relevanter Informationen und um die Verknüpfung der neuen Informationen mit dem Vorwissen.)

35. Was sind metakognitive Lernstrategien? Beispiele!

- Steuern und kontrollieren die kognitiven Strategien = übergeordete Strategien
- *Planung, Überwachung, Bewertung, Regulation* des eigenen Lernprozesses
  - o Planung:
    - Festlegen meines konkreten Lernziels (z.B. Bestehen der Psychologie-Klausur) und wie ich es erreichen will (Lerngruppe gründen und besuchen, Buch lesen, usw.), außerdem wieviel Zeit ich mir dafür nehmen kann und will
    - Zu Beginn einer Aufgabe
    - Primäre Ziele: *Was möchte ich lernen? Wie? Welcher Umfang?*
    - Sekundäre Ziele: *Das möchte ich bis heute Abend gelernt haben.*
    - Stratgieauswahl *(z.B. SQ3R)*
    - Ziele erfassen und Kriterien zur Erreichung dieser
  - o Überwachung:
    - Ich frage mich, wieweit ich schon gekommen bin und ob meine Strategien helfen. Werde ich das Lernziel erreichen? Muss ich etwas ändern?
    - Feststellung von IST-SOLL-Differenzen: *Habe ich das vorgenommene geschafft?*
    - Korrekturen der Aufgabenbearbeitung
    - Kritisches Begleiten des eigenen Bearbeitungsfortschrittes: *Nachdenken wähend des Lesens: Habe ich alles richtig verstanden*
    - Informationen über den Stand des Lernens bzw. Verstehens sammeln: *Fragen von außen beantworten*
    - Durch Überwachung werden Prozesse der Regulation des Behaltens und Verstehens ausgelöst
    - Handlungsüberwachung und -steuerung hängen eng zusammen: Steuerung setzt Überwachung voraus
  - o Bewertung:
    - Habe ich die Klausur bestanden, werde ich beurteilen, ob mein Ziel erfüllt ist, ob die Note passt, ob mein Zeitaufwand hinkam, usw.
    - Nach Beendigung der Lernaufgabe: *Stimmen Ergebnisse mit Zielen überein? Sind Lernprozesse so verlaufen wie geplant? Waren gewählte Strategien hilfreich? Zeitplan eingehalten?*
    - Reflexion hat Einfluss auf Bearbeitung künftiger Aufgaben

- *Beispiel:* Man liest einen Text und plötzlich merkt man, dass man gar nicht mehr weiß was man liest weil man z.B. in Gedanken woanders ist. Dieses Bewusstwerden des „Abschweifens" ist ein Zeichen von metakognitiven Vorgängen

- *Hinweis von Alexandra Hein:*
  „auch hier kleinschrittiger: wie weit bin ich gekommen mit dem Themenbereich Motivation? Habe ich meine Ziele und Teilziele erreicht? Waren meine Strategien angemessen?"

36. Was sind ressourcenorientierte Strategien und welche Bereiche werden dabei reguliert?

=   Bemühungen zu einer angemessenen/optimierten Gestaltung der Lernumwelt,
- angemessene Gestaltung des Arbeits- und Lernplatz
- Nutzung institutioneller Gegebenheiten z.B. Bibliothek
- Bildung von Arbeits- und Lerngruppen

37. Wie werden Lernstrategien erworben? Welche Rolle spielen motivationale Faktoren beim Einsatz von Lernstrategien?

- Erwerb neuer Lernstrategien = Prozess fortschreitender
  - Ausdifferenzierung
  - Stabilisierung
  - Flexibilisierung
- Voraussetzung für adäquaten Einsatz von LS:
  - metakognitive Fähigkeiten, die sich im Laufe der Kindheit und des Jugendalters entwickeln
- Kinder verfügen zunächst über relativ leicht zu erwerbende Strategien, bevor sie allmählich komplexere Lernstrategien erwerben
-
- Drei Phasen beim kindlichen Strategieerwerb:
  - 1. Stadium = Mediationsdefizit
    - sehr jungen Kinder bringen noch keine Strategie spontan hervor
    - → es fehlt ihnen noch an den notwendigen kognitiven Voraussetzungen
    - → Mangel an den zur Strategieanwendung notwendigen vermittelnden Vorbedingungen
  - 2. Stadium = Produktionsdefizit
    - Kinder setzen Strategie nach Aufforderung ein
    - ABER Nachahmung der Strategie fällt noch schwer
    - Strategie wird nicht in das spontane Verhaltensrepertoire aufgenommen
    - → Wissen um die Nützlichkeit der Strategie noch nicht hinreichend ausgebildet
    - → die Kinder sind noch nicht davon überzeugt, dass sich ein Strategieeinsatz später auszahlen wird
  - 3. Stadium = Nutzungsdefizit
    - Strategien werden zwar spontan eingesetzt
    - ABER Nutzung ist noch nicht effizient
    - DENN   → noch keine Automatisierung der Strategie vorhanden
      → noch kein Gespür dafür, wann und wie eine Strategien wirkungsvoll einsetzbar ist.
  - Ca. ab 10. Klasse: Nutzung kognitiv anspruchsvollerer Elaborations- und Transformationsstrategien

- Motivationale Faktoren:
  - Beim Erwerb neuer Strategien → Motivationstal
  - Denn Umlernen oder Erlernen neuer Strategien ist
    - 1) mit Aufwand verbundenes
    - 2) werden Kapazitäten des Arbeitsgedächtnisses dafür in Anspruch genommen

- 3) Einsatz führt oftmals nicht sofort zu Leistungssteigerungen,
        sondern wird mehr Zeit und Anstrengung benötigt.

  o Inrinsisch motivierte Lerner neigen eher zu tiefer gehendem Lernen
  o Extrinsisch motivierte Lerner greifen eher zu wiederholenden Strategien
  o Wahl der Strategie ist aber auch fächerabhängig
    → fachspezifisches Interesse ist in diesem Zusammenhang wichtige
      Determinante

38. Was versteht man in der (pädagogischen) Psychologie unter „Motiv" und unter „Motivation"?

- *Motivation/Motiviertheit:*
  o = Bereitschaft einer Person, sich intensiv und anhaltend mit einem Gegenstand
    auseinander zu setzten
  o zielgerichteter Prozess zur Auswahl aus Handlungsalternativen (man hat mehrere
    Handlungsmöglichkeiten zur Auswahl und tut sich für eine bestimmte
    entscheiden)
  o Prozess, dessen Verlauf zwischen Handlungsalternativen ausgewählt wird
  o Handeln wird auf ausgewählte Ziele ausgerichtet → zielgerichteter Prozess
  o mit psychischer Energie verläuft der Weg zum Ziel
  o Ziele, Wünsche, Absichten, die dem Verhalten zu Grunde liegen
  o aktueller Zustand – Motiviertheit
  o Disposition /Zustand – Motiv
  o Def. nach Rheinberg: aktivierende Ausrichtung des momentanen Lebensvollzugs
    auf einen positiv bewerteten Zielzustand
- *Motiv:*
  o individuelle zeitlich überdauernde Vorlieben (Bereitschaft) für bestimmte Klassen
    von Zuständen
  o *Anschlussmotiv* wenn jemand besonders attraktiv findet sich in sozialen Gruppen
    aufzuhalten
  o *Machtmotiv* besonders anziehend Beeinflussung anderer Menschen
  o *Leistungsmotiv* gerne Lösen herausfordernder Aufgaben
  o interindividuelle Unterschiede (Dispositionen), unterschieden sich in Art und
    Stärke an angestrebten motivbezogenen Zielzustand → individuelle Motivsystem

39. Was ist das „Selbstkonzept"?

- eigenes Lern- und Leitungsmotivsystem: Erfolgsorientierung bzw.
  Misserfolgsängstlichkeit und damit verbundenen Attributionen
- leistungsbezogenes Selbstvertrauen
- selbstwertdienliche Zuschreibungen – Beeinflussung Lern- Leistungsmotivation
- *Erfolgsmotivierte:*
  o Erfolgszuversichtlich
  o Erklärung eigenen Erfolgs durch eigene Fähigkeit
  o selbstwertdienlich, günstig für Selbstbewertung
  o geeignet das Selbstkonzept der eigenen Begabung zu erhöhen
- *Misserfolgsängstliche:*
  o ungünstiges Selbstkonzept eigener Begabung → auf Dauer negatives SK

- o denken, sie sind weniger kompetent → zweifeln an eigener Fähigkeit
- o wenn Erfolg dann Ursachenzuschreibung: Glück, leichte Aufgaben

40. Wann spricht man von einem Verhalten als „leistungsmotiviert"?

- Leistungsmotivation:
  - o Verhalten zielt auf Selbstbewertung eigener Tüchtigkeit
  - o In Auseinandersetzung mit einem Gütemaßstab, den es zu erreichen oder zu übertreffen gilt
  - o man will wissen, was einem in Aufgabenfeld gerade noch gelingt und was nicht → man strengt sich deshalb besonders an
- Motivation, sich mit einer vorgegebenen Lernanforderung auseinander setzen, hängt vom Gütemaßstab ab, der Messlatte liefert, wann ich mich für tüchtig wahrnehme
- leistungsmotiviert ist man, wenn man sich ein Gütemaßstab (Anspruchsniveau) setzt und diesen Anreiz versucht zu übertreffen, man nimmt sich etwas vor (zielgerichtete Motivation) und versucht dies zu erreichen (Leistung)
- eigene Leistung somit bewerten

41. Beschreiben Sie bitte den Korrumpierungseffekt der Motivation!

- intrinsische Motivation kann geschwächt werden, wenn das, was man gerne tut (intrinsische Motivierung) zusätzlich von außen belohnt wird (extrinsischer Anreiz)
  - o nimmt das Verhalten als Überveranlassung dar
  - o fragt sich, was der Grund des Handelns ist
  - o zweifelt warum man aus freien Stücken gehandelt hat
- extrinsische Belohnungen:
  - o Negativer Effekt: können intrinsische Motivation schwächen
  - o Positiver Effekt: können sich auch förderlich auf die intrinsische Motivation auswirken
- ***Beispiel Fabel:***
- Schneider belohnt die „Störenfriede" für deren – ursprünglich wahrscheinlich intrinsisch motiviertes – Handeln
- Belohnung ersetzt intrinsische Motivation → die „Störenfriede" schreien jetzt nur noch, *um* eine *Belohnung* zu erhalten, das Handeln ist also fortan extrinsisch motiviert
- Durch kontinuierliches Herabsetzen der Belohnung auf einen sehr geringen Betrag, fühlen sich die „Störenfriede" nicht mehr veranlasst zu handeln.

42. Wie hängen Interesse und Motivation zusammen? Bitte erläutern Sie!

- Interesse und intrinsische Motivation eng miteinander verwandt
- <u>Interesse:</u> besondere Beziehung einer Person zu einem Gegenstand (Objekt, Thema, Tätigkeit)
  - o stets gegenstandsspezifisch ausgeprägt
  - o eine Person ordnet ihren Interessensgegenständen eine hohe subjektive Bedeutung zu
- <u>Motivation:</u> Bereitschaft einer Person, sich intensiv und anhaltend mit einem Gegenstand auseinanderzusetzen

- <u>Intrinsische Motivation:</u> Handlungen, die um ihrer selbst ausgeführt werden, wobei der Wunsch, eine Handlung durchzuführen, vom Gegenstand ausgehen kann (gegenstandszentrierte intrinsische Motivation) oder durch Freude an der Handlung (tätigkeitszentrierte intrinsische Motivation)
→ Interesse am Thema oder am Gegenstand führt dazu, dass die Beschäftigung damit als etwas Angenehmes, Lustvolles erlebt wird
→ Interesse führt also zu motivierenden Empfindungen

43. Was meint „intrinsische Motivation", was „extrinsische Motivation"? Erläutern Sie!

- <u>intrinsische Motivation:</u>
  - o Verhaltensweisen, die kein offensichtliches Ziel außerhalb der Handlung selbst verfolgen, Handlung wird um ihrer selbst Willen ausgeführt, ohne von erwartbaren Folgen geleitet zu sein
  - o „bei der intrinsisch motivierten Lernhandlung rührt die Lernbereitschaft von der positiven Erlebnisqualität her, die unmittelbar mit dem Handlungsvollzug assoziiert wird."
- <u>extrinsische Motivation:</u>
  - o Verhaltensweisen, die aufgrund einer Belohnung durchgeführt werden; Man erhält eine gute Note oder Geld, wenn man eine bestimmte Arbeit erledigt.
  - o Handlung wird ausgeführt wegen der äußeren – von der Handlung selbst separierbaren – Folgen
  - o „Instrumentelle Handlungen dagegen sind extrinsisch, weil die Person sie nicht wegen der unmittelbaren Anreize der Handlung als solcher, sondern wegen der antizipierten Folgen anstrebt und ausübt."

44. Erläutern Sie bitte das Risiko-Wahl-Modell nach Atkinson (1957)!

- gehört zu Prototypen moderner Erwartungs-mal-Wert-Theorien der Motivation
- Annahme: das Anspruchsniveau hängt von der Erfolgswahrscheinlichkeit und vom Erfolgsanreiz ab
- Besagt, dass subjektiv als mittelschwer empfundene Aufgaben besonders motivierend wirken, weil bei ihnen das Zusammenspiel aus Erfolgswahrscheinlichkeit und Erfolgsanreiz (Erwartungs-mal-Wert) optimal ist und maximalen Gewinn verspricht
  - o Sehr leichte Aufgaben motivieren trotz sehr hoher Erfolgswahrscheinlichkeit sehr wenig, da sie keinen Erfolgsanreiz bieten: jeder könnte diese Aufgabe lösen.
  - o Sehr schwierige Aufgaben motivieren ebenfalls wenig, da zwar der Erfolgsanreiz hoch ist, die Erfolgswahrscheinlichkeit jedoch sehr gering.

45. Aus welchen theoretisch voneinander unabhängigen Teilen besteht das Leistungsmotiv (nach Atkinson)? Was geschieht bei einer Dominanz des Misserfolgsmotivs? (in der Klausur kann selbstverständlich auch gefragt werden: „Was passiert bei einer Dominanz des *Erfolgsmotivs*?")

- Leistungsmotiv besteht aus den theoretisch voneinander unabhängigen Teilen:
  - → Erfolgsmotiv und Misserfolgsmotiv
  - *Erfolgsmotiv:*
    - Tendenz, Leistungssituationen eher zuversichtlich angehen
  - *Misserfolgsmotiv:*
  - Tendenz, Leistungssituationen aus Furcht vor Misserfolg meiden
- Beide Motivanteile sind nach Meinung Atkinsons bei jedem Menschen vorhanden, jedoch kommt es zu relativ zeitstabilen und situationsübergreifenden Dominanzen der einen oder anderen Tendenz.
- Bei Dominanz des Misserfolgsmotivs:
  - kommt zu einer Meidungstendenz mittelschwerer Aufgaben (lieber ganz leichte bzw. ganz schwere Aufgaben)
  - Am liebsten würden diese Personen Anforderungssituationen ganz meiden.
- Bei Dominanz des Erfolgsmotiv:
  - Kommt zur Orientierung an mittelschweren Aufgaben mit Tendenz zu etwas schwierigeren Aufgaben.

46. Welche typischen Ursachenzuschreibungen für Misserfolg unterscheidet Weiner? (Hier müssen Sie in der Lage sein, auch die typischen Ursachenzuschreibungen für *Erfolg* herzuleiten)

		Lokation			
		intern		extern	
		Zeitliche Stabilität			
		stabil	variabel	stabil	Variabel
Kontrollier-barkeit	Hoch	Faulheit	Schlecht vorbereitet	Nachhilfelehrer ist inkompetent	Freunde haben versäumt zu helfen
	niedrig	Geringe Fähigkeit	Kopfschmerzen während der Prüfung	Hoher Anspruch des Lehrers	Pech

47. Wie unterscheiden sich erfolgsmotivierte von misserfolgsmeidenden Personen hinsichtlich des Attributionsstils? Wie erklärt sich eine erfolgsmotivierte/ misserfolgsmeidende Person wahrscheinlich das gute/schlechte Abschneiden in einer Klausur?"

- erfolgsmotivierte und misserfolgsängstlichen unterscheiden sich in systematischer Weise hinsichtlich ihrer Kausalattributionen nach Erfolg und Misserfolg voneinander

- *Erfolgsmotivierte:*
    - o eigene Erfolge hängen von internalen Faktoren (eigenen Fähigkeit, Anstrengung) ab
    - o Misserfolge hängen von zeitvariablen Faktoren (mangelnde Vorbereitung, Pech) ab
    - o → Attributionsstil wirkt sich sehr günstig auf die Selbstbewertung aus

- *Misserfolgsmeidende:*
    - o eigene Erfolge hängen von externalen Faktoren (Glück gehabt, Aufgaben leicht) ab
    - o Misserfolge hängen von mangelnder Fähigkeit/Begabung ab
    - o → Attributionsstil wirkt sich negativ auf Selbstbewertung aus

48. Erklären Sie bitte den Zusammenhang zwischen Selbstkonzept und Ursachenzuschreibung!

- Attributionen *erfolgszuversichtlicher Personen* sind günstiger für die Selbstbewertung.
    - o Erklärung des Erfolgs durch eigene Fähigkeiten erhöht mit jedem weiteren Erfolgserlebnis das Vertrauen in die eigenen Fähigkeiten
    - o → ist also selbstwertdienlich
    - o Diese Art von Ursachenzuschreibungen ist damit geeignet, das Selbstkonzept der eigenen Begabung zu erhöhen.
- *Misserfolgsmeidende Personen*
    - o Haben ungünstiges Selbstkonzept eigener Begabung
    - o → erleben sich als weniger kompetent
    - o durch Zuschreibung eigener Erfolge auf externale Ursachen erleben sich diese Personen auch nicht als Urheber des eigenen Erfolgs

49. Mit welchen Problemen beschäftigt sich die Volitionspsychologie?

- befasst sich mit Prozessen der Umsetzung von Absichten → also mit Willensprozessen
- Unter Leistungsgesichtspunkten ist entscheidend, ob Lernabsichten gegenüber konkurrierenden Zielen abgeschirmt werden.
- Dieser bei der Umsetzung einer Handlungsplanung wichtige Vorgang der willentlichen Steuerung ist Thema der Volitionsforschung.

50. Wie unterscheiden sich Motivation und Volition?

- *Motivation:*
    - o umfasst Prozesse der Intentionsbildung
    - o bezieht sich damit auf die an der Auswahl und dem Setzen von Zielen beteiligten Prozesse
- *Volition:*
    - o umfasst Prozesse der zielorientierten Umsetzung von Intentionen oder Absichten.
    - o bezieht sich auf regulative Prozesse, die entscheiden, welche Motivationstendenzen wann und bei welcher Gelegenheit wie in Handlungen umgesetzt werden sollen.

51. Was sind Emotionen? Welche 3 Kategorien von Emotionen unterscheiden Pekrun & Schiefele?

- komplexe Muster körperlicher und mentaler Veränderungen
- umfassen physiologische Erregungen, Gefühle, kognitive Prozesse und Reaktionen im Verhalten als Antwort auf eine persönlich bedeutsame Situation
- Muster können relativ überdauernd oder intraindividuell sehr variabel (Stimmungen, Stimmungsschwankungen) sein

- *Positive Emotionen*:
    - o z.B. Lernfreude, leistungsbezogene Hoffnungen oder Stolz
    - o wirken sich positiv auf die intrinsische Handlungsmotivation aus
    - o können das Arbeitsgedächtnis belasten, jedoch dürfte der motivationsfördernde Effekt positiver Emotionen den Nachteil einer zusätzlichen Belastung ausgleichen

- *Aktivierende negative Emotionen:*
    - o Z.B. Angst und Ärger
    - o Stimulieren die psychische und physische Handlungsbereitschaft und damit auch die Nutzung von Lernstrategien
    - o in ihrer Auswirkung oftmals eher schädlich für die resultierende Lernleistung, da sie zugleich Anteile der Aufmerksamkeit abziehen und damit jene Lernprozesse beeinträchtigen, die eigentlich einer optimalen Kapazitätsausnutzung des Arbeitsgedächtnisses bedürften
    - o Angst und Ärger können auch zu Reduktion der intrinsischen Motivation führen
- *Desaktivierende negative Gefühle*:
    - o Z.B.: Langeweile oder Hoffnungslosigkeit
    - o stehen tieferen Verarbeitung von Informationen entgegen
    - o reduzieren die intrinsische und extrinsische aufgabenbezogene Motivation
    - o beeinträchtigen die notwendige Aufmerksamkeitszuwendung bei der Aufgabenbearbeitung

52. Nennen und erläutern Sie kurz die 3 Arten von Volitionsproblemen (nach Heckhausen)!

- Unterscheidung dreier Arten von Volitionsproblemen:
- *Initiierung einer Handlung:*
    - o Motivationstendenzen erhöhen zwar Handlungsbereitschaft
    - o oftmals reicht eine Motivationstendenz allerdings nicht aus, um die Handlung auch tatsächlich zu initiieren
    - o Schwierigkeit ist es also, sich willentlich soweit zu bringen, mit der Handlungsausführung zu beginnen.

  Beispiel: „Ich hätte zwar gern eine gute Note in der Klausur und insgesamt ein gutes Zeugnis. Dafür müsste ich jetzt anfangen zu lernen (Motivationstendenz vorhanden). Aber das Wetter ist so schön und alle sind im Schwimmbad, ich will da lieber auch hin" (Volitionale Schwierigkeiten)

- *Persistenz (Dauerhaftigkeit, Beharrlichkeit):*
    - o die Handlung so lange aufrecht erhalten, bis das Ziel erreicht ist
    - o Konkurrierende Handlungsimpulse müssen abgeschaltet werden.

  Beispiel: „Jetzt sitze ich schon seit zwei Stunden über den Büchern, das Wetter ist immer noch schön. Sarah hat gerade aus dem Schwimmbad angerufen, ich wäre jetzt auch lieber da".

- *Überwindung von Handlungshindernissen:*
    - o auch bei Schwierigkeiten weitermachen und unterschiedliche Hindernisse zu überwinden.

  Beispiel: „Ich verstehe diesen Sachverhalt nicht, mir fehlen weitere Literaturquellen, ich komme irgendwie nicht voran. Trotzdem muss ich weiter machen, vielleicht beginne ich mit einem anderen Thema."

53. Nennen Sie Strategien der Handlungskontrolle und erläutern Sie diese kurz!

- Aufmerksamkeitskontrolle
    - Ausblenden von Informationen, die absichtswidrige Motivationstendenzen stärken

- Enkodierungskontrolle
    - Das Fokussieren der Verarbeitungsfunktion auf zielrelevante Informationen

- Motivationskontrolle
    - Die Steigerung der eigenen Motivation, die beabsichtigte Handlung auszuführen

- Emotionskontrolle
    - Beeinflussung eigener Gefühlslagen zur Steigerung der Handlungseffizienz

- Misserfolgs- bzw. Aktivierungskontrolle
    - Unterbinden von Tendenzen, einem Misserfolg lange in Gedanken nachzuhängen und Abstand nehmen von unerreichbaren Zielen

- Initiierungskontrolle
    - Vermeiden übermäßig langen Abwägens von Handlungsalternativen

54. Wie wirken sich Emotionen auf die Lernleistung und auf die Lernmotivation aus?

- Positive Emotionen:
  o Z.B. Lernfreude, leistungsbezogene Hoffnung, Stolz
  o günstige Auswirkung auf intrinsische Handlungsmotivation
  o belasten Arbeitsgedächtnis, ABER motivationsfördernder Aspekt

- Aktivierende Negative Emotionen:
  o Z.B. Angst und Ärger
  o Stimulieren psychische und physische Handlungsbereitschaft → Nutzung von Lernstrategien
  o Oft schädliche Auswirkung auf Lernleistung
  o Aufgabenbezogene Aufmerksamkeit verringert
  o Bewirken Reduktion der intrinsischen Motivation

- Desaktivierende Negative Emotionen:
  o Z.B. Hoffnungslosigkeit oder Langeweile
  o Reduzieren intrinsische und extrinsische aufgabenbezogene Motivation
  o Stehen tiefer Informationsverarbeitung entgegen → schlechte Lernleistung
  o Beeinträchtigung der Aufmerksamkeit

55. Wie unterscheiden sich lage- von handlungsorientierten Personen?

- Handlungsorientierte Personen:
  o Handlungskontrolle gelingt besonders gut
  o Beginnen Handlung ohne langes Abwägen
  o Können verschiedene Handlungsmöglichkeiten generieren

- Lageorientierte Personen:
  o Langes Nachdenken/Zögern über/vor Handlung
  o Verharren in ungewollter Fixierung auf eine eingetretene oder vorgestellte missliche Lage
  o Zeitpunkt der Handlung verschiebt sich nach hinten, bzw. findet nicht statt

56. Beschreiben Sie bitte das Rubikon – Modell! Beschreiben Sie bitte durch dieses Modell die Umsetzung des Plans „Rauchen aufgeben"!

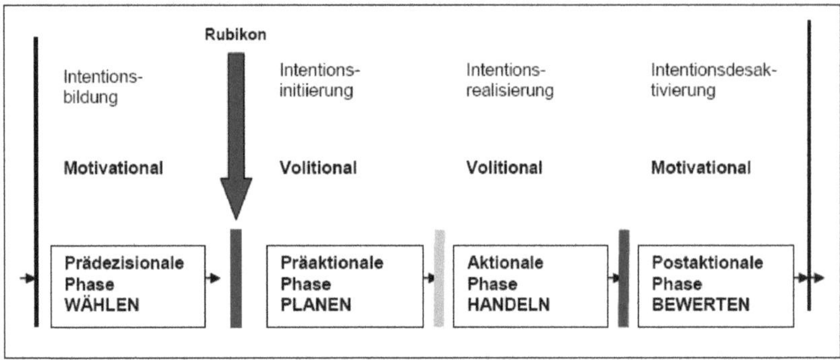

- vier Handlungsphasen:

- **(1) Prädezisionale Phase** (motivationale Phase):
  - o Gegenseitige Abwägung von *Realisierbarkeit* bestimmter Wünsche und Anliegen als auch die *Wünschbarkeit* potentieller Handlungsergebnisse
    → „wie sehr wünsche ich mir das Handlungsergebnis?"
  - o Durch Abwägeprozess wird (am Ende der prädezisionalen Phase) verbindliches Ziel (Zielintention) gesetzt
    → Handelnder versucht dieses Ziel zu erreichen
    → „Rubikon" vom Wunsch zum Ziel ist überschritten (=„die Würfel sind gefallen")
  - o Gefühl der Verpflichtung (dieses Ziel auch in Tat umzusetzen) entsteht

Am Beispiel: Abwägen: Rauchen ist ungesund und teuer. Der Entzug ist nicht leicht.
Aber am Ende werde ich bessere Leistungen im Sport erzielen, das Herzinfarkt-Risiko gesenkt haben und mehr Geld zur Verfügung haben, um z.B. in Urlaub zu fahren.
→ *Bildung der Intention*: **Ich werde mit dem Rauchen aufhören!**

- **(2) Präaktionale Phase** (volitionale Phase):
  - o Handelnder überlegt sich, welche Strategien er anwenden soll (um verbindlich festgelegtes Ziel wirklich zu realisieren und Zielzustand zu erreichen)
  - o entsprechende Pläne werden entwickelt, die für Erreichen des Ziels förderlich erscheinen
    → z.B. in Form von Vorsätzen oder Durchführungsintentionen

Am Beispiel: Welche Hilfe gibt es, um den Nikotin-Entzug zu erleichtern? Wie möchte ich an meinen Plan herangehen (Nikotinpflaster, Lesen des Buchs „Endlich Nichtraucher", etc.)

- **(3) Aktionale Phase** (volitionale Phase):
  - o Handelnder versucht Pläne (präaktionalen Phase) zur Realisierung des Ziels umzusetzen
  - o Am Besten durch *beharrliches Verfolgen* des Ziels und durch *Anstrengungssteigerung* beim Auftreten von Schwierigkeiten erreicht

Am Beispiel: Nach der letzten Zigarette wird kein Päckchen mehr gekauft. Wenn ich

glaube, jetzt unbedingt eine rauchen zu müssen, gehe ich joggen. Ich zünde mir keine
Zigarette an, auch wenn ich unbedingt möchte.

- **(4) Postaktionale Phase** (motivationale Phase):
  o Handelnder bewertet ereichtes Handlungsergebnis
  o Wenn mit diesem zufrieden → Deaktivierung des Ziels
  o Wenn nicht zufrieden
    → Senkung des Anspruchsniveaus und Deaktivierung des Ziels
    → oder Beibehaltung des Ziels und Planung von neuen Handlungen (die geeignet
    erscheinen, erwünschten Zielzustand doch noch zu erreichen)

Am Beispiel: Ziel erreicht: Nichtraucher seit Monaten. Gut gemacht! Ziel kann deaktiviert
werden. Oder: Ziel nicht erreicht. Senken des Anspruchsniveaus: „war kein guter
Zeitpunkt zum Aufhören, ist gerade Prüfungsstress an der Uni. Ich werde irgendwann
damit aufhören.“ Oder: Beibehalten des Ziels: „mit diesen Strategien hat es nicht geklappt,
ich suche mir andere Strategien, um das Ziel zu erreichen.“

57. Nach welchen drei Dimensionen lassen sich Emotionen klassifizieren? Nennen Sie bitte jeweils die Ausprägung und geben Sie Beispiel für lernrelevante Emotionen!

Dimension	Ausprägung	Beispiele für lernrelevante Emotionen
Valenz	Positiv versus negativ	Freude versus Traurigkeit
Zeitlicher Bezug	Vergangenheitsbezogene vs. Lage- und tätigkeits-orientierte Emotionen	Stolz/Scham über eine gute Note Beisterung/Langeweile im Unterricht
	Gegenwartsemotionen vs. Zukunftsorientierte Emotionen	Hoffnung auf einen Prüfungserfolg / Angst vor bevorstehender Prüfung
Art der Energetisie-rung	Aktivierende Emotionen versus desaktivierende Emotionen	Hoffnung, Vorfreude, Angst, Scham, Ärger vs. Erleichterung, Zufriedenheit, Entspanntsein, Langeweile, resignative Hoffnungslosigkeit

58. Erläutern Sie kurz den Begriff „Phonologische Bewusstheit!"

- Bewusstheit der klanglichen Segmentierung von Sprache
- Bewusstheit (Wissen), dass Wörter aus Klangeinheiten bestehen und dass aus
  unterschiedlichen Kombinationen solcher Klangeinheiten unterschiedliche Wörter
  gebildet werden
- Um Phoneme zu erkennen, muss eine phonologische Bewustheit ausgebildet sein.
- Gibt Zusammenhang zwischen phonologischer Bewustheit und späteren
  Leseleistung (bereits im Vorschulalter üben)
- *Engerer Sinn:*
  o bewusster Umgang mit den kleinsten Einheiten der gesprochenen Sprache, den
    Phonemen (Lauten)
  o Sie entwickelt sich üblicherweise erst unter Anleitung im Zusammenhang mit dem
    Schriftspracherwerb
- *Weiterer Sinn:*
  o Wahrnehmung der gröberen sprachlichen Einheiten wie Wörter im Satz und
    Silben in Wörtern, des Klangs der Wörter beim Reimen usw.

o   Sie entwickelt sich in der Regel spontan, d.h. ohne äußere Anleitung schon im
    Vorschulalter.

59. Weshalb ist der Aufbau eines umfangreichen Wortschatzes für die Lesekompetenz von großer Bedeutung?

- Erkennen der Wortbedeutung (= Rekodieren)
- zunehmender Leseexpertise → Automatisierung des Erkennens von
  Wortbedeutungen (Erkennen von Wortbedeutungen hängt vom Sprach/Wortschatz
  ab)
- Geringer Wortschatz -> lesen fällt schwer -> wird weniger gelesen (Teufelskreis)
- flüssiges und verstehendes Lesen setzt Bedeutungserkennung einzelner Wörter
  voraus und das Integrieren von Wörtern zu einem Satz
- →   große Bedeutung, einen umfangreichen Wortschatz zu erwerben

60. Worin unterscheiden sich gute und schlechte Leser, wenn man sie beim Lesen genau beobachtet (Sakkaden)?

- beim Lesen gleiten die Augen nicht gleichmäßig über den Text, sie springen, fixieren
  sprunghaft verschiedene Punkte
  o   Sakkade - Augensprung
  o   sakkadische Augenbewegung
  o   nach Sprung folgt kurze Fixation
- während Auge verharrt (Fixation) finden Buchstaben- und Worterkennung statt
- Fixationspunkt – in dieser Zeit 6-8 Buchstaben sehen (Fixationsspanne)
- danach springt Auge zum nächsten Fixationspunkt
- <u>bei guten Lesern:</u>
  o   überlappende Sakkaden
  o   weniger Sakkaden
  o   Kohärenz wird hergestellt
- <u>wenig geübter Leser:</u>
  o   benötigt mehr Sakkaden,
  o   brauch länger,
  o   mehrere Überlappungen

61. Nennen Sie die 5 Komponenten der Rechenexpertise! Bitte geben Sie jeweils eine kurze Erläuterung)!

(1) Verfügbarkeit von (Welt-) Wissen
- wird benötigt, um Sachverhalt eines mathematischen Problems in angemessene interne Repräsentation zu übersetzen
- triviales, aber wichtiges Wissen
- *z.B*. Wissen über Gravitation, oder Tag = hell, Nacht = dunkel

(2) Problemübersetzung
- mithilfe des Weltwissens
- Problem in Mathematik übersetzen

(3) Problemrepräsentationen
- konkrete Situation zur Veranschaulichung eines mathematischen Problems konstruieren

(4) Lösungsplanentwicklung und –überwachung
- mithilfe lösungsstrategischen Wissens
- Plan zu Lösung des Problems aufstellen und Vorgänge überwachen

(5) Ausführung von Prozeduren und Berechnungen
- mithilfe operationalen Wissens
- damit können erforderliche Berechnungen prozedural ausgeführt werden

62. Was bedeutet „Problemrepräsentation"? Bitte geben Sie eine kurze Erläuterung und ein Beispiel!

63. gehört zu den 5 Kompetenzen der Rechenexpertise
- konkrete Situationen mathematisch veranschaulichen
- = Schematisches Wissen
    - *Beispiel:* Ich will Wand fliesen. Die Wand ist 6,10m lang und 5,3m hoch. Fliesen sind quadratisch mit Seitenlänge 30cm. Eine Fliese kostet 1,50€ pro Stück. Wie viel kosten Fliesen für die gesamte Wand?
    - Schematisches Wissen:
        - Fläche = Länge * Breite *und* Gesamtpreis = Anzahl * Preis pro Stück

64. Geben Sie bitte ein Beispiel für eine Problemübersetzung anhand einer kurzen Mathematik-Textaufgabe!

Aufgabe:
Eine Treppe hat 22 Stufen. Würde jede Stufe um 1.6 cm höher gebaut, könnten zwei Stufen eingespart werden. Wie hoch ist eine Stufe?

Problemübersetzung:
Zunächst muss die Aufgabe verstanden werden: Für eine Treppe, welche eine vorgegebene Höhe überwinden soll, gilt: Je höher die einzelnen Stufen sind, desto weniger Stufen enthält die Treppe. Dazu ist Weltwissen notwendig.

Anschließend Übersetzung des Textes in ein mathematisches Problem:
- Jede Stufe ist x cm hoch
- Mit anderen Worten: x = Höhe einer Stufe in cm
- Titel der Gleichung: "Höhe der Original-Treppe = Höhe der geänderten Treppe (in cm)"
- Oder Sparvariante des Titels: "Höhe der Treppe (in cm) ="
- Denn: Wir können die Höhe der Treppe auf zwei Arten berechnen:
  - o   Einerseits mit den 22 vorhandenen Stufen
  - o   andererseits mit den 20 höheren Stufen
- Gleichung selbst: $22 * x = 20 * (x + 1.6)$

Quelle: http://www.macfunktion.ch/textaufgaben/beispiele/1absp.html

65. Nennen Sie instruktionale Empfehlungen zum Aufbau von Expertise!

- vom Einfachen und Bekannten zum Komplexen und Unbekannten
- spiralförmiges Lernen
  - o   immer wieder zu zentralen Konzepten zurückkehren
  - o   dabei zunehmend komplexere neue Informationen integrieren
- (zunächst) Fokussierung auf eine begrenzte Anzahl typischer Standartprobleme
- Wiederholung des Gelernten aus mehreren Perspektiven und anhand unterschiedlicher Beispiele
- irrelevante Details ignorieren
- erst Schlüsselkonzepte (eines Problemraumes), dann Problemlösungen

66. Ist Expertise in einer bestimmten Domäne eine Folge angeborener Kompetenzen? Bitte diskutieren Sie die für diese Fragestellung relevanten Forschungsergebnisse!

- Korrelationen zw. Allg. Intelligenz und berufl. Leistungen fallen eher niedrig aus
- durch Intelligenztests können nach Abschluss des Studiums zufrieden stellende Vorhersagen der Leistungsunterschiede zwischen Berufsanfängern machen, dies ist jedoch nach langjähriger Berufserfahrung kaum noch der Fall
- → Annahme: aufgrund angeborener Fähigkeiten in einem Gebiet können Wissen und Fertigkeiten schneller und besser erlangt werden TRIFFT NICHT ZU!
- Ericsson & Lehmann: →gelenkte Erfahrungen
  - → gezieltes Üben
  - = entscheidende Faktoren beim Expertise-Erwerb

67. Was besagt das „Schwellenmodell der Begabungsvoraussetzungen"?

- Für Erwerb einer bereichsspezifischen Expertise ist in erster Linie
    o intensive Beschäftigung mit dem Bereich
    o gezielte Übung
    notwendig
→ allerdings geht es auch ohne Begabung.
- Individuelle, teilweise angeborene Fähigkeiten können also nicht außer acht
  gelassen werden → für Erklärung der Entstehen bereichsspezifischer Expertise
- Schwellenmodell der Begabungsvoraussetzungen:
    o Notwendige Voraussetzung für Erwerb bereichsspezifischer Expertise:
        - gewisses (in der Regel leicht überdurchschnittliches)
          Begabungsniveau
    o Wenn Voraussetzung erfüllt:
        - begabungsferne Merkmale (Ausmaß der Selbstverpflichtung und Ausdauer →
          Konzentration, Motivation und Volition) entscheiden über das
          Leistungsvermögen, das erreicht werden kann
    o Das bedeutet:
        - durch viel Übung kann ich ein guter Klavierspieler werden
        - Aber um ein neuer Glenn Gould zu werden, braucht es neben Übung
          aber auch Talent.

68. Was sind „Schlüsselqualifikationen" im Sinne von Mertens?

- ein Bündel fachübergreifender („dekontextualisiert, entspezialisiert und funktional-autonom")
  Kompetenzen bzw. Eignungen
- Schlüsselqualifikationen
        o = überfachliche Qualifikationen, die zum Handeln befähigen sollen
        o wird als funktionales Merkmal der Befähigung einer Person verstanden:
            - Eignung für eine große Zahl von Positionen und Funktionen als alternative
              Option zum gleichen Zeitpunkt
            - Eignung für die Bewältigung einer Sequenz von (meist unvorhersehbaren)
              Änderungen von Anforderungen im Laufe des Lebens

69. Was versteht man unter „bereichsübergreifenden Kompetenzen" im Sinne von Weinert bzw. Hasselhorn & Gold?

- alle prinzipiell erlern- und vermittelbaren individuellen Erkenntnis-, Handlungs- und
  Leistungskompetenzen
- können in sehr unterschiedlichen Situationen und Inhaltsbereichen beim
        o Erwerb von Spezialkenntnissen
        o bei der Verarbeitung relevanter Information
        o sowie bei der Lösung schwieriger Aufgaben und neuer Probleme
  mit Gewinn genutzt werden.

70. Nennen und erläutern sie kurz die Taxonomie (Einordnung) bereichsübergreifender Kompetenzen!

- erfolgreiches Handeln setzt zusätzlich zum bereichsspezifischen Wissen eine Reihe bereichsübergreifender kognitiver Kompetenzen voraus
- dabei werden kognitive, motivationale, volitionale unterschieden

- *kognitive bereichsübergreifende Kompetenzen:*
    - o Techniken und Strategien des Lernens und des Umgangs mit Informationen und Informationsquellen
    - o allgemeine Fähigkeiten:
        - Planung
        - Steuerung
        - Überwachung
        - Bewertung des Lernens
        - = „metakognitive Strategien"
    - o Kern:
        - Verfügbarkeit allgemeiner Lernstrategien
        - ihrer metakognitiven Regulation

- *motivationale bereichsübergreifenden Kompetenzen*:
    - o unspezifische Interessiertheit und Aufgeschlossenheit (im Sinne eines generellen Informationsbedürfnisses)
    - o generelle Lernfreude
    - o generell erfolgszuversichtliche Leistungsmotivation
    - → führen dazu, dass Lernende die für das Lernen erforderliche Energie aufbringen

- *volitionalen bereichsübergreifenden Strategien:*
    - o verfügbare Selbstmanagementtechniken
    - o mit deren Hilfe können Lernende sich selbst und ihr Handeln kontrollieren
    - o Kompetenzen dieser Art erhöhen die Entscheidungsfähigkeit einer Person
    - o manifestieren sich in:
        - selbst initiierten und selbst kontrollierten Lern- und Arbeitsgewohnheiten
        - in einer konzentrierten Aufgabenorientierung
        - höheres Maß an Toleranz gegenüber mehrdeutigen Informationen

71. Wie ist der spezifische Nutzen bereichsübergreifender kognitiver Kompetenzen einzuschätzen?

- Lernende, die über bereichsübergreifende Kompetenzen verfügen, haben umfangreiche Erfahrungen mit eigenem Lernen = Experten im Bereich des eigenen Lernens
- subjektive Lernerfahrung → Lernstrategien erkennen, zweckmäßig einsetzen
- je allgemeiner eine Strategie, in mehr Situationen anwendbar → desto geringerer Beitrag zur Lösung inhaltsspezifischer Probleme
- bereichsübergreifende allgemeine Kompetenzen in vielen Situationen anwendbar, spezifischer Nutzen und Wirkungsgrad bleibt aber gering
- um schulische, alltägliche, berufliche Lernen erfolgreich zu gestalten, ist beides erforderlich: bereichsspezifische und bereichsübergreifende Kompetenzen
- Erwerb von Wissen reicht nicht, muss auch wissen, wie vorhandenes Wissen aktualisiert werden und neues Wissen erworben werden kann

- nur durch Aufbau bereichsspezifischer Kompetenzen (Expertise) →
  bereichsübergreifende Kompetenzen können entstehen

72. Was versteht man unter Lerntransfer? Wie unterscheiden sich proaktiver und retroaktiver Transfer?

- *Proaktiver Transfer:*
    - o In einem Anforderungsbereich erworbene Kenntnisse und Fähigkeiten erleichtern das Lösen von Aufgaben in einem anderen Anforderungsbereich.
    - o Erworbenes Wissen über konkrete Gegenstände oder Zusammenhänge kann auf ähnliche Phänomene angewendet werden, indem es verallgemeinert oder abstrahiert wird.
- *Retroaktiver Transfer:*
    - o ein vorangegangenes Lernergebnis wird durch nachfolgendes Lernen modifiziert, also verändert
    - o **Zum Beispiel:** das ursprüngliche Verständnis und Behalten von lateinischen Vokabeln kann durch den späteren Geschichtsunterricht über das römische Reich noch verbessert werden.

73. Bitte definieren Sie die folgenden Arten von Transfer und geben Sie jeweils ein Beispiel!

a. Positiver und negativer Transfer:
- *Positiver Transfer:*
    - Neues Lernen wird durch vorangegangenes Lernen erleichtert.
    - Beispiel: Wenn man bereits Blockflöte spielen kann, ist es leichter, Querflöte zu erlernen.
- *Negativer Transfer:*
    - Früher Gelerntes wirkt sich hemmend auf die Lösung neuer Aufgaben aus.
    - Beispiel: Der Erwerb einer (weiteren) Fremdsprache wird durch bereits verfügbare Kenntnisse in einer anderen Fremdsprache möglicherweise gehemmt.

b. Horizontaler und vertikaler Transfer:
- *Horizontaler Transfer* (auch lateraler Transfer):
    - bezeichnet die Anwendung des zuvor Gelernten auf einen Lernstoff gleicher Komplexität.
    - Beispiel: Die Anwendung von zuvor gelernten Strategien zur Multiplikation zweistelliger Zahlen auf weitere Aufgaben der gleichen Art (Übungsaufgaben).
- *Vertikaler Transfer:*
    - bezeichnet die Anwendung des zuvor Gelernten auf einen Lernstoff höherer Komplexität.
    - Beispiel: Die Anwendung von zuvor gelernten Strategien zur Multiplikation zweistelliger Zahlen auf Aufgaben zur Multiplikation mehrstelliger Zahlen. Allerdings fällt es nicht immer leicht zu entscheiden, ob eine lernförderliche Übertragung übergeordneter Natur ist oder ob sie sich auf dem gleichen Komplexitätsniveau bewegt.

c. Literaler und figuraler Transfer:
- *Literaler Transfer:*

- eine Übertragung von Fertigkeiten bzw. Kenntnissen auf neue
  Lernaufgaben des gleichen Typs.
- Zum Beispiel: Die Übertragung der beim schriftlichen Addieren
  zweistelliger Zahlen erworbenen Technik auf das Addieren mehrstelliger
  Zahlen.
- *Figuraler Transfer:*
  o die über einen Analogieschluss erfolgende Übertragung der zuvor
    erlernten Fertigkeiten bzw. Kenntnisse auf gänzlich neue Problemstellungen
  o Zum Beispiel: Das Ableiten von Regeln für das schriftliche Subtrahieren aus
    der Kenntnis der entsprechenden Regeln für das schriftliche Addieren.

→ *horizontaler/vertikaler Transfer und literaler/figuraler Transfer sind sehr ähnlich*

d. Spezifischer und unspezifischer Transfer
- *spezifischer Transfer:*
  - Lernender überträgt eng umgrenzte neu erworbene
    Kenntnisse oder Fertigkeiten auf eine neue Situation.
  - Zum Beispiel: eine Schülerin hat im Deutschunterricht gelernt, dass
    Hermann Hesse in Calw geboren wurde und kann kurz darauf die
    entsprechende Frage beim „Trivial Pursuit"-Spiel beantworten.
- *Unspezifischer Transfer:*
  - Erlernen allgemeingültigen Wissens
  - z.B. Beim Lernen Erkenntnisse darüber gewinnen, wie man lernt
    (bereichsübergreifende Kompetenzen). Werden diese Kenntnisse in
    anderen Lernsituationen genutzt, spricht man von „unspezifischem
    Transfer.

e. Proximaler und distaler Transfer:
- Proximaler Transfer:
  o geringe Übertragungsdistanz zwischen der Lernsituation, in der die
    Kenntnisse erworben wurden, und der Anwendungssituation.
  o Dazu gehören der horizontale,der literale und der spezifische Transfer

- Distaler Transfer:
  o die Übertragungsdistanz zwischen ursprünglicher Lernsituation und
    Anwendungssituation ist höher.
  o Hierzu gehören der vertikale, der figurale und der unspezifische Transfer

  o Beispiele siehe bei den jeweiligen Unterscheidungen!

f. Automatischer und bewusster Transfer
- Automatischer Transfer („Low-Road Transfer"):
  - erfolgt quasi automatisch
  - erfordert keine bewusste Aufmerksamkeit oder zusätzliche Anstrengung
  - Beispiel: beim Lesen automatisch die angemessenen Fertigkeiten des
    Dekodierens einsetzen.
- Bewusster Transfer („High-Road-Transfer"):
  - bewusste Anstrengung notwendig
  - Lernender denkt aktiv und bewusst über mögliche Relationen und
    Gemeinsamkeiten oder über sonstige Verknüpfungen zwischen einer

aktuellen Aufgabenanforderung und seinen bisherigen Lernerfahrungen
nach

-       **Beispiel:**   Das Volumen eines Pyramidenstumpfs ermitteln, indem bereits erworbene Kenntnisse zur
        Berechnung des Volumens einer Pyramide genutzt werden.

74. Skizzieren Sie bitte kurz die wichtigsten Aussagen der „Theorie identischer Elemente"!

- Thorndike: Lerntransfer kann nur dann stattfinden, wenn in der Anwendungssituation Wissenselemente vorhanden sind, die in identischer Weise in der Lernsituation bereits enthalten waren
- Bedeutung für Praxis:
  o genau das ist zu lehren, was auch gelernt und später angewandt werden soll
  o und das unter möglichst ähnlichen situativen Bedingungen
- Dazu gehört z.B. die routinierte Übung spezifischer Fertigkeiten
  o Einüben von einzelnen Handgriffen und Teilabläufen bis zur Automatisierung kann den Erwerb des vollständigen (komplexen) Bewegungsablaufs erleichtern
  o mechanisches Auswendiglernen von Vokabeln oder Formeln, so dass diese automatisch abrufbar sind
- Problematisch:
  o Lern- und Anwendungssituation sind fast nie vollkommen identisch
  o Darüber hinaus ist es nicht die „objektive" Ähnlichkeit von Lern- und Abrufsituation, die den Transfer erleichtert, sondern die subjektiv wahrgenommene Ähnlichkeit
  → Identische Elemente müssen vom Lernenden also erst als solche erkannt werden

75. Was besagt die (Transfer-)Theorie des „Erkennens von Prinzipien"?

- Judd (1939):
  o Lerntransfer ist nicht von identischen Elementen, sondern von allgemeinen Prinzipien oder Verallgemeinerungen abhängig, die beim Lernen als solche erkannt und in neuen Anwendungssituationen wieder angewandt werden müssen.
  o Beim Lernenden muss also eine Einsicht in allgemeine Regelhaftigkeiten erreicht werden, um die Möglichkeit des Lerntransfers zu schaffen
  o Transfer findet nur dann statt, wenn die Basisaufgaben A und die Zielaufgabe B die Anwendung gleicher Teilprozesse fordern
    ▪ Durch die Basisaufgabe werden die Regeln und Lösungsprinzipien gelernt, die später als Abstraktionen für eine ganze Klasse von Aufgabentypen anwendbar sind.
    ▪ Transferwert hängt von der beim Lernenden entstandenen Nutzungsflexibilität der Regeln und Prinzipien ab.
- Unterrichtspraxis:
  o nicht „Drill and Practice" ist zielführend
  o sondern verstehensorientierte Methoden, die eine reflexive, kognitive Informationsverarbeitung auslösen, sind geeignet, um bedeutsame Transferwirkungen zu erzielen.

o Erfolgreiches Lernen besteht also NICHT darin, Wissenselemente
memorierend abzuspeichern, sondern setzt im Abstrahieren vom
Spezifischen das Generieren von Regelwissen und Prinzipien voraus

76. Nennen und erläutern Sie bitte kurz ein eigenes Beispiel für ein „mentales Werkzeug"!

- Ergebnis einer häufigen und intensiven Auseinandersetzung mit schriftlichem
Material in bestimmten Inhaltsbereichen
→ kann Strategiewissen zum Lesen von Texten entwickelt werden, dass bei der
Einarbeitung in neue Gebiete Vorteile bringt
- **Beispiel Geometrieunterricht:**
Der Lernende soll eine bestimmte Konstruktionsaufgabe lösen.
Frühere Konstruktionsaufgaben hat er stets erfolgreich nach einem bestimmten Algorithmus gelöst:
Aufgabe lesen und erfassen, Planfigur zeichnen, Problem analysieren, Konstruktionsschritte planen,
Konstruktion ausführen.
Er erkennt die Gemeinsamkeiten der Anforderungssituationen (beides geometrische
Konstruktionsaufgaben) und transferiert sein Wissen von der bekannten Anforderungssituation auf
die neue.
Er löst die Konstruktionsaufgabe nach dem bekannten Algorithmus.

77. Welche Folgerungen ergeben sich aus der Transfertheorie für die Unterrichtsgestaltung?

- bloße Vermittlung metakognitiver Fertigkeiten nicht ausreichend
- gezieltes Üben von bereichsspezifischen Kenntnissen und Fertigkeiten <u>und</u>
metakognitiven Fertigkeiten erforderlich
- Unterrichtsempfehlungen:
  o Inhalte direkt vermitteln
  o Gebrauch von Hilfsmitteln und Arbeitstechniken erläutern
  o Gelerntes in möglichst realistischen Situationen demonstrieren und erproben
  o möglichst vielseitige Übungsvarianten nutzen (um Lernschritte und
  Vorgehensweisen explizit zu machen)

78. Erläutern Sie bitte kurz die Sichtweise „Lehren als Methode zur Erreichung von Lernzielen"! Gehen Sie bitte auch auf mögliche Kritikpunkte ein und nehmen Sie jeweils dazu Stellung.

- *Sichtweise:*
  - o Unterricht wird ausgehend vom *Lernziel* (bzw. Lehrziel) geplant
    - Lernziel (bzw. Lehrziel) wird dabei in Teilkomponenten (Teilziele) zerlegt
    - Teilziele werden hierarchisch geordnet
- Gagné:
  - o Lehrziel*hierarchie*, d.h. von einem bestimmten Lehrziel aus rückwärts gehend, lassen sich bestimmte *Lernvoraussetzungen* (Teilziele) bestimmen, die notwendigerweise erreicht sein müssen, um das übergeordnete Lehrziel zu erreichen
  - o **Beispiel:** um Multiplizieren zu lernen, muss man Addieren können → „Multiplizieren" = übergeordnete Lehrziel, „Addieren" = untergeordnete Teilziel
  - o An erster Stelle der Unterrichtsplanung:
    - Zerlegung des Lernzieles in Teilkomponenten (oder Teilziele)
    - und damit die Bestimmung der jeweiligen Voraussetzungen für die jeweils übergeordneten Ziele
    - → vertikaler Transfer gefördert, d.h. die Lernübertragung auf übergeordnete Lernziele
  - o Durch Zerlegung des übergeordneten Lernziels in Teilkomponenten
    → *Sequenzierung* des zu erlernenden Wissens
    → damit Hinweise zur adäquaten Unterrichtsplanung und –gestaltung
    → Grundvoraussetzungen: Diagnose der individuellen Lernvoraussetzungen und eine explizite Lernzielanalyse
  - o Diese Form des Unterrichtens zeichnet sich außerdem durch eine weit(est)gehende Außensteuerung des Lernprozesses durch den Lehrer aus

- *Kritikpunkte und Stellungnahme:*
  - o (zu) kleinschrittiges Vorgehen vom Einfachen zum Komplexen
    → ist jedoch abhängig vom Vorwissen, ob das Vorgehen vom Lernenden als zu kleinschrittig empfunden wird
  - o Wenig Raum für ganzheitliches, holistisches und einsichtiges Lernen
    → dieser Kritikpunkt wird häufig angebracht, allerdings wurde das nie so propagiert – es könnte also auch an einer falschen Umsetzung der Modelle liegen, dass zu wenig Raum für ganzheitliches Lernen da ist
  - o Vernachlässigt Potenzial des selbstständigen und konstruktiven Lernens und entdeckenlassenden Lernens
    → dagegen ist einzuwenden, dass empirische Befunde zeigen, dass bei der Vermittlung von neuen Lehrinhalten Modelle überlegen sind, die eine direkte Vermittlung propagieren
  - o z. T. fehlender Kontext- und Alltagsbezug des Wissens
    - führt zu trägem Wissen
    → kann passieren, muss aber nicht: wenn abstraktes Wissen direkt vermittelt wird, d.h. ohne Kontext- und Alltagsbezug, so kann träges Wissen entstehen, d.h. Wissen, das icht angewendet werden kann
    → Daher sollte dafür gesorgt werden, dass im Unterricht ein Alltagsbezug hergestellt wird

79. Was versteht Ausubel unter „sinnlosem Lernen"? Bitte nennen Sie ein Beispiel!

- verständnisvolles, also sinnvolles Lernen
    - o = Integration des neuen Lehrstoffs in die schon vorhandene kognitive Struktur des Lernenden (bereits vorhandenes Wissen)
- Bedeutsam für neues Lernen ist solches Wissen, das strukturiert, also miteinander vielfach verbunden und auf einander bezogen ist
- Sinnvoll Gelerntes
    - o wird Langfristig behalten
- Sinnloses Lernen
    - o *mechanisches Lernen*
        - durch bloße Wiederholung kann Gelerntes nicht wirklich eingeordnet werden in das bereits vorhandene Wissen → fehlen die vielfachen Verknüpfungen → rasches vergessen
- **Beispiel**.: Auswendiglernen – z.B. von Musterlösungen zur Klausurvorbereitung ohne dabei auf Verständnis der Inhalte zu achten.

80. Was ist unter „Mastery Learning" zu verstehen? Erläutern Sie bitte!

- *Theorie:* jeder kann alles lernen, wenn genügend Zeit zur Verfügung gestellt wird
- jeder benötigt unterschiedlich lange Zeit, um Lernstoff zu beherrschen
- jedem Schüler so viel Zeit gegeben, wie er benötigt
    - o auch: *self-paced-learning* = lernen nach der eigenen Geschwindigkeit
    - o mit dieser Unterrichtsform geht hohe Individualisierung bzw. Differenzierung einher
- *Mastery Learning*: man geht dann zum nächsten Lernziel über, wenn das vorangehende „gemeistert"/beherrscht (siehe *mastery*) wird

81. Was ist unter „Lehren als Lernen machen" (bzw. Lernen anregen) zu verstehen?

- übergeordnete Zielvorgabe der Sichtweise „Lehren als Lernen machen" lautet:
    - o möglichst viele Schüler an die gestellten Unterrichtsziele heranzuführen
    - o wobei Individualisierung des Unterrichts einen besonders hohen Stellenwert hat: der Unterricht muss an die individuellen Lernervoraussetzungen angepasst werden
    - o Primäre Aufgabe ist es, Leistungsunterschiede zwischen den Schülern auszugleichen.
    - o Dazu ist es absolut notwendig, die individuellen Lernvoraussetzungen vor dem Unterricht zu diagnostizieren.

- Weinert gibt folgende Empfehlung für die Durchführung und Planung von Unterricht:
    - o Lernziele konkretisieren,
    - o Individuelle Lernvoraussetzungen diagnostizieren (Lernstandsdiagnose)
    - o Lernvoraussetzungen vor Beginn des Unterrichts angleichen
    - o Lernaufgaben in Lernzielkomponenten zerlegen und in Voraussetzungsrelationen einordnen
    - o die Schüler motivieren
    - o den individuellen Lernprozess anleiten, steuern und unterstützen
    - o den individuellen Lernfortschritt überprüfen

o   wenn nötig, zusätzliche Lernmöglichkeiten und -hilfen bereitstellen

82. Was ist unter „Lehren als Bereitstellen von Lerngelegenheiten" zu verstehen?

- Statt Gegenstandsorientierung (gemeint ist der Lerngegenstand) → Problemorientierung steht im Mittelpunkt.
- Betont werden die Kontextbezogenheit und die Situiertheit des Lernens
    o   d.h. in den Unterricht werden Anwendungssituationen mit aufgenommen, neue Inhalte in authentische Handlungskontexte eingebettet, um z.B. die Entstehung *trägen* Wissens zu verhindern.
- In diesem Zusammenhang wird oftmals von „offenen" oder „problemorientierten" Lernsituationen gesprochen
- der Lernprozess wird in soziale und situative Handlungskontexte eingebettet
- der Selbststeuerung der Lernprozesse wird mehr Raum gegeben
- Rolle des Lehrers = „Lernbegleiter"
    o   Bietet geeignete Lernumgebungen und Problemstellungen an bzw. stellt diese bereit
- Steuerung des Lernprozesses liegt weitgehend beim Lernenden (Selbststeuerung), nicht beim Lehrenden (Außensteuerung bzw. Fremdsteuerung)

83. Sind offene Lernumgebungen grundsätzlich anderen Lernformen z.B. Frontalunterricht vorzuziehen? Argumentieren Sie!

- Lernen durch Lehren:
    o   klassische pädagogische Situation kennzeichnet die zielgerichtete Interaktion zwischen Lehrenden und Lernenden
    o   Wissensaufbau des Lernenden wird fokussiert unter der Bedingung des Belehrtwerdens
- sozial-konstruktivistischer Ansätze:
    o   erfolgreicher Wissensaufbau des Lernenden als Funktion eigener Lehrtätigkeit
    o   Sachverhalte leichter erkennen, wenn man ihn anderen auch erklären muss
- selbstgesteuertes Lernen
    o   Lernende muss selbst und ausschließlich zu seinem eigenen Instrukteur und damit durch Internalisierung (zu eigen machen) der Außensteuerung letztendlich zum Audiodidakten des Wissenserwerbs werden
- allein Lehren hat nicht automatisch Lernen zur Folge:
    o   Lernende müssen mitspielen
    o   durch Lernaktivität, welche die Lernenden selbst ausführen, werden Lernergebnisse erreicht
    o   keine Vorschriften wie gelehrt werden soll
    o   Lehrenden selbst überlassen:
        ▪   mit Geschick – produktiv, schöpferisch zu lehren und Unterricht gestalten

- konstruktivistische Perspektive:
    o   Unterricht soll Prozesse des Wissenserwerbs fördern
        ▪   indem verstehendes Lernen ausgelöst wird,
        ▪   relevantes Vorwissen aktiviert wird,
        ▪   Lernprozess angeleitet wird
        ▪   Und der Lerntransfer angebahnt wird

o   Eigenaktivität des Lernenden
o   an Vorwissen ansetzen, als Ausgangspunkt der Lehrtätigkeit
o   auf instruktionale Außensteuerung fast völlig verzichten
- Lernen ist individuelle Wissenskonstruktion, nicht Wissenserwerb durch Vermittlung!
- entdeckendes, problemlösendes Lernen fördern = in offenen, problemorientierten Lernumgebungen effektiv!!!

84. „Lehren hat nicht automatisch Lernen zur Folge" – bitte diskutieren Sie diese Aussage insbesondere vor dem Hintergrund einer konstruktivistischen Sichtweise von Lernen.

- Wissen wird immer vom Lernenden konstruiert
  o   Lernen ist stets ein aktiver Prozess
  o   Gibt keine „Übertragung" von Wissen vom Lehrenden auf den Lernenden
- Lernen ist also nicht nur abhängig davon, dass die Lerninhalte in irgendeiner Form dargeboten werden („Lehre"), sondern in hohem Maße von den Lernenden selbst und ihrer Motivation, Wissen zu konstruieren.
- Lehrender kann nie sicher sein, ob die Adressaten Wissen erzeugen
  → allerdings kann er die Voraussetzungen dafür schaffen, dass Wissen konstruiert werden kann
  → Sind diese nicht gegeben, nützt auch eine Wiederholung des Gesagten nichts
  → „Ich habe es Dir doch jetzt schon 100 Mal gesagt und du hast es immer noch nicht verstanden!"

85. Welches sind die fünf notwendigen Basiskomponenten für Lerntheorien (nach Glaser)?

Lehrtheorien sollen:
- Lehrziele als Zielleistungen definieren (Soll-Zustand)
- Eingangsvoraussetzungen diagnostizieren (Ist-Zustand)
- (Lern-)Prozess des Übergangs beschreiben und erklären (vom Ist- zum Sollzustand)
- Instruktionale Bedingungen, die den Übergang erleichtern, spezifizieren
- Instruktionale Wirkungen nach Abschluss eines Lehrgangs erfassen.

86. Welche beiden Ansätze zur Erforschung erfolgreichen Lehrerhandelns werden unterschieden? Bitte beschreiben Sie beide Ansätze kurz!

- Lehrerhandeln wird nach zwei Zielkriterien untersucht:
  o   „Was sind Resultate guten Unterrichts?"
  o   „Mit welchen Mitteln werden diese Resultate erreicht?"
  → Aus diesen beiden Zielkriterien ergeben sich zwei Forschungsansätze:

- *Produktforschung*
  o   Lernerfolg der Schülerinnen und Schüler steht im Mittelpunkt
  o   daran wird der Erfolg des Lehrerhandelns abgelesen
  o   = *Effektivitätsforschung*
    - fragt nach Lehrermerkmalen, die zum Lernerfolg der Schüler beitragen
    - Diese sind:
      - Klarheit der Präsentation

- Variabilität und Flexibilität der Methode
- Enthusiasmus
- hohe Aufgabenorientierung
- Gewähren ausreichender Lernzeiten
- (s. „Mastery Learning" bzw. „Self-Paced-Learning")

o Problematisch:
- fehlende oder zumindest mangelnde theoretische Fundierung
- bevorzugte Orientierung an Lehrermerkmalen
- vornehmlich korrelative Struktur der empirischen Daten: *(Korrelationen geben zwar Auskunft über einen Zusammenhang (wenn A, dann B etc.), klären jedoch keine Kausalitäten!)*

- ***Prozess-Produktforschung***
  o Unterscheidung von vier Klassen von Variablen im Lehr-Lernprozess:
  - Voraussetzungsvariablen
  - Kontextvariablen
  - Prozessvariablen
  - Produktvariablen
  → dieser Ansatz geht also weiter als vorher beschriebene Produktforschung

  o Voraussetzungsvariablen
  - = Lehrermerkmale:
    - welche Erfahrungen hat der Lehrer bereits gemacht
    - wie ist seine Motivation in seinem Beruf
    - wie war seine Ausbildung
  o Kontextvariablen
  - Schülereigenschaften
  - äußere Bedingungen
    - Sozialklima
    - Räumlichkeiten etc.)
  o Prozessvariablen
  - umfassen gesamtes Geschehen im Unterricht
    - also die Lehrer-Schüler-Interaktion
  o Produktvariablen
  - Meinen kurzfristige und langfristige Lernerfolge

→ Untersuchungen dieser Forschungsrichtung fassen erfolgreiches Lehrerhandeln wie folgt zusammen:

- Feststellen der Lernvoraussetzungen
- Darstellende Stoffvermittlung
- Anleitung zum Üben
- Rückmeldung geben und Korrigieren,
- Selbstständiges Üben ermöglichen,
- Lernerfolgskontrollen durchführen.

  o Kritik:
  - Aussagekraft dieser Forschungsrichtung ist eher gering

- erstens wird auf quantitative Aspekte des Lehrerhandelns fokussiert, ohne die situative Angemessenheit der Handlungen im Auge zu behalten
- außerdem werden motivationale, affektive und kognitive Prozesse völlig außer Acht gelassen

87. Erläutern Sie bitte die „Choreografie des Lehrens" nach Oser!

- gibt 12 Basismodelle die unterschiedliche Lernprozesse beschreiben
  o z.B. Lernprozesse für das Begriffslernen
  o für den Erwerb von Konzepten
  o für den Erwerb von praktischen Fertigkeiten
  o von Problemlösefähigkeiten etc.
- nennt dabei jeweils die Bedingungen des Lehrens, um diese Lernprozesse erfolgreich anzuleiten
- Die genannten Bedingungen des Lehrens sind die sichtbaren Strukturen, also die angewandten Unterrichtsmethoden.
- Für jede Art von Lernprozess gibt es unterschiedliche Methoden (sichtbare Strukturen), die besser geeignet sind als andere, um das Lernziel zu erreichen

88. Nenne sie wichtige Komponenten der darstellenden Stoffvermittlung! (jew. Kurze Erläuterungen)

- Inhaltlicher Kern: explizite Präsentation des Lernstoffs
- Benennung des Themas und des Ziels einer Unterrichtsstunde
- Vorausschau auf nachfolgende Stoffinhalte
- Motivation zum Lernen fördern
- Stoffinhalt: kleinschrittig, klar, emphatisch, mit Enthusiasmus präsentieren
- Hervorheben wichtiger Punkte
- Erläuterung abstrakter Begriffe und Prinzipien an konkreten Beispielen
- Verstehensprüfung durch Fragen, bevor im Stoff weitergegangen wird

→ wiederholt Erklärungen und zusätzliche Beispiele und Illustrationen eventuell erforderlich

89. Nennen sie wichtige Komponenten des Angeleiteten Übens! (jew. Kurze Erläuterungen)

- Gelenktes Üben dient als Vorbereitung für das selbstständige Üben
- Für Lehrende dient es als wichtige Informationsquelle zur Effektivität vorangegangener Präsentationsphase
- Gezielte Fragen über Lernstoff
- Viel Zeit verwenden zur Förderung des Behaltens und zum Aufdecken möglicher Fehlkonzepte
- Hilfen geben bei Fragenbeantwortung
- Alle Lernenden sollen neu erworbene Kenntnisse und Fertigkeiten sichtbar zeigen oder ausführen
- Stets Rückmeldungen geben
- Zusätzliche Erklärungen eventuell erforderlich

90. Nennen sie wichtige Komponenten zur Lernüberwachung und Rückmeldung! (jew. Kurze Erläuterungen)

- Antworten, die Schüler auf Lehrerfragen geben, kommentieren (= Feedback)
- Falsche Antworten müssen korrigiert werden
- Keine Frage darf unbeantwortet bleiben
- Kurze, verständliche Fragen mit unterschiedlichem (möglichst hohem) Niveau
- Fragen sollen bedeutsame Unterrichtsziele betreffen und eine vernünftige Abfolge aufweisen
- Fragen an die ganze Klasse stellen und genügend Zeit zum Überlegen geben
- Vorwissensaktivierung oder zusätzliche Erklärungen

91. Nennen sie wichtige Komponenten des selbstständigen Übens! (jew. Kurze Erläuterungen)

- Erst wenn Lerninhalte sicher verstanden wurden und gefestigt wurden und wenn 80% der Lehrerfragen zu korrekten Antworten führen
- Aktives Überwachen der Stillarbeit und Kontrolle der Lernergebnisse
- Wichtig beim Erwerb grundlegender Kenntnisse und Fertigkeiten zur Festigung und Automatisierung (in Mathe)
- Weniger wichtig für komplexere und mehrschichtige Inhalte (z.B. geschichtliche Zusammenhänge)

92. Bitte beschreiben Sie die Lehrmethode „Direkte Instruktion" mit allen Komponenten und erläutern Sie diese Komponenten bitte jeweils kurz! Gehen Sie bitte im Anschluss an die Darstellung der Lehrmethode auf deren Wirksamkeit ein!

- Lehrmethode der direkten Instruktion gilt als zusammenfassende Kennzeichnung einer Reihe von lehrerinitiierten und lehrerabhängigen Unterrichtsmerkmalen"
- Die Rolle des Lehrers in dieser Lehrmethode ist zentral
  → Unterricht kann als „lehrerzentriert" bezeichnet werden.
- „Kennzeichnend:
  o leitende Funktion des Lehrenden
  o dieser vermittelt den Lernstoff explizit, indem er Wissensinhalte durch Auswählen, Erklären und beispielhaftes Illustrieren übermittelt
  o Lernen wird von außen (außerhalb des Lernenden)
    - Vorbereitet
    - Geplant
    - Organisiert
    - überwacht
  o Selbststeuerung des Lernprozesses durch die Lernenden ist in dieser Lernmethode (eher) gering

- Unterrichtsmerkmale des Unterrichts innerhalb der direkten Instruktion:

  o *Rückblick und Prüfung der Lernvoraussetzungen:*
    - Einstieg in eine neue Lerneinheit beginnt mit rückblickenden Prüfung der Lernvoraussetzungen =Lernstandsdiagnostik
    - Dient außerdem der nochmaligen Festigung des zuvor Gelernten

- relevantes Vorwissen kann aktualisiert werden, um Aufnahme neuer Informationen zu erleichtern
- kann erfolgen durch:
    - Besprechung von Hausaufgaben
    - gezieltes Fragen zu wichtigen Lerninhalten vorhergegangener Unterrichtsstunden
    - allgemeines Nachfragen
- Je nach Ergebnis der Diagnose müssen die notwendigen Lernvoraussetzungen nochmals unterrichtet werden

- Darstellende Stoffvermittlung
    - Inhaltlicher Kern: explizite Präsentation des Lernstoffs
    - Zunächst werden Unterrichtsthema und Ziel der Unterrichtsstunde genannt und eine Vorausschau auf den nachfolgenden Lernstoff gegeben → Dadurch soll auch zum Lernen motiviert werden
    - Stoff sollte kleinschrittig und klar präsentiert werden
    - beim Lehrer sollte Freude am Stoff erkennbar sein
    - Wichtige Punkte sind besonders zu kennzeichnen
    - Abstrakte Begriffe und Prinzipien sind an konkreten Beispielen zu erläutern
    - Während des Unterrichtens sollten Verstehensüberprüfungen stattfinden, d.h. durch Fragen sollte ermittelt werden, ob die fachlichen Inhalte verstanden wurden, bevor im Stoff vorangegangen wird
    - Falls nötig, müssen weitere Erklärungen gegeben werden.

- Angeleitetes Üben
    - dient zur Vorbereitung des selbstständigen Übens
    - erfüllt die Funktion der Behaltensprüfung
        - indem der Lernende durch gezielte Fragen durch den Lernstoff geführt wird
    - mögliche Fehlkonzepte der Lernenden können vom Lehrenden aufgedeckt werden
    - Lehrende:
        - gibt Hilfestellungen bei der Beantwortung der Fragen
        - führt – falls nötig – weitere Erklärungen an
    - neu erworbenen Kenntnisse und Fertigkeiten sollen in dieser Phase von den Lernenden gezeigt oder ausgeführt werden
    - Ziel: möglichst alle Lernenden die Fragen beantworten zu lassen
        - z.B. durch schriftliche Tests
        - Im Anschluss muss den Lernenden Feedback gegeben werden

- Lernüberwachung und Rückmeldung
    - Überwachung findet durch Lehrerfragen statt
    - Diese sollen die Lerneraktivitäten und –resultate sichtbar machen
    - Durch Beantwortung der Lernerfragen wird das Gelernte angewendet
    - Bei den Lehrerfragen sind folgende Punkte zu beachten:
        - sollen klar, kurz und verständlich formuliert sein
        - sollen durch Nachdenken zu beantworten sein,
        - sollen unterschiedliche Niveaus abfragen,
        - sollen bedeutsame Unterrichtsziele betreffen,
        - sollen in einer adäquaten Abfolge präsentiert werden,

- • sollen an die ganze Klasse gerichtet sein
  - • soll genügend Zeit zur Beantwortung gelassen werden
  - • Richtige Antworten sollen sachlich anerkannt werden,
  - • Zögerlich gegebene Antworten sollen ausführlicher kommentiert werden, um das noch nicht gefestigte Wissen weiter zu festigen,
  - • Falsche Antworten müssen korrigiert werden,
  - • Keine Frage darf unbeantwortet bleiben.

- o Selbstständiges Üben
  - ▪ soll erst dann stattfinden, wenn Lerninhalte sicher verstanden und hinreichend gefestigt sind
  - ▪ findet man in Phase 3 heraus:
    - • „80%-Kriterium": mindestens 80% der Lehrerfragen sollten richtig beantwortet sein
  - ▪ selbstständiges Üben der Klasse muss aktiv überwacht und die Ergebnisse müssen kontrolliert werden
  - ▪ Gelernte wird gefestigt und automatisiert
  - ▪ Relevanz selbstständigen Übens hängt von der Art der zu vermittelnden Inhalte ab:
    - • besonders wichtig, wenn grundlegende Kenntnisse und Fertigkeiten erworben werden sollen
    - • weniger relevant, wenn komplexe und mehrschichtige Inhalte vermittelt werden sollen.

- o Rückblick und Lernerfolgskontrolle
  - ▪ ein zusammenfassender Rückblick auf die Lehrinhalte sollte in regelmäßigen Abständen (z.B. einmal pro Woche) stattfinden
  - ▪ kann auch per Hausaufgabe von den Lernenden gefordert werden
  - ▪ durch wöchentliche oder monatliche Leistungstests können wichtige Informationen über den Lernstand und die Notwendigkeit weiterer Informationen gesammelt werden

- **Wirksamkeit:**
  - o Geht nicht darum, die „beste" Unterrichtsmethode zu finden
  - o gibt nur geeignete und weniger geeignete Methoden
  - o diese sind jeweils von den zu vermittelnden Fachinhalten und von den jeweiligen Lernervoraussetzungen abhängig
  - o Methode des direkten Unterrichtens:
    - ▪ Eignet sich gut:
      - • für sequentiell gut strukturierbare Stoffinhalte
      - • für den Aufbau von Kenntnissen und das Verstehen neuer Inhalte
      - • zur Erreichung kognitiver Lernziele
    - ▪ eignet sich schlechter:
      - • zur Erreichung affektiver, sozialer oder emanzipatorischer Ziele
      - • für Anwendung neuer Kenntnisse

93. Charakterisieren Sie bitte kurz das „entdeckenlassende Lehren"!

-        handelt um ein grundlegendes Prinzip
-        Im Mittelpunkt:
    o   Selbstständigkeit (Selbstregulation) des Lernenden
    o   nicht mehr die Außen- bzw. Fremdsteuerung durch den Lehrenden
-        Neugier des Lernenden soll stimuliert werden, in dem er in freien
         Lernumgebungen „entdecken" soll (z.B. Zusammenhänge, Konzepte und
         Prinzipien, statt diese erklärt zu bekommen)
-        Allerdings kein kompletter Verzicht auf Lenkung von außen:
    o   Lerngelegenheiten, in denen der Lernende „entdecken" soll, müssen
        sorgfältig ausgewählt werden
    o   Auch sorgfältige Auswahl der Hilfen, die gegeben werden
-        Wichtig:
    o   die Lernenden durch Auswahl geeigneter Probleme zur Selbstständigkeit
        motivieren
    o   der Verfestigung von Fehlkonzepten entgegensteuern
    o   eine konsolidierende Form der Ergebnissicherung anbieten

94. Welche Annahmen liegen dem „entdeckenlassenden Lehren" zugrunde?

-        Eigenes Entdecken führt zu besserer Behaltensqualität (spekulativ!)
-        Neue Einsichten durch Nachdenken und Ausprobieren
-        Aufwändig für Lehrende und Lernende!

**95. Nennen Sie bitte Argumente, mit denen D.P. Ausubel das „entdeckenlassende
Lehren" kritisiert hat!**

-        Kritik an Bruners Konzept des entdeckenlassenden Lernens:
    o   Entdeckungslernen ist ineffizient, weil zeitraubend,
    o   diskriminierend, weil Lernschwächere systematisch benachteiligend
    o   unverantwortlich, weil die Vermittlung notwendiger Wissensinhalte zu
        Gunsten des Erwerbs formaler Schlüsselqualifikationen vernachlässigt wird
    o   Gefahr, dass unangemessene Strategien erworben werden und dass sich auf
        den vielfältigen Entdeckungsreisen und Lernumwegen Fehlkonzepte festigen
-        Konzepte und Prinzipien können sinnvoller und in wesentlich kürzerer Zeit
         fehlerfrei gelernt werden ohne entdecken lassendes Lernen.

96. Erläutern Sie bitte kurz zwei Formen des „Lernens durch Beispiele"!

- Entdeckendes Lernen als induktive Begriffsbildung durch die Abstraktion von
  Merkmalen aus Einzelbeispielen
  o Induktion:
    - Schlussfolgern vom Speziellen auf das Allgemeine
    - aus den Merkmalen des Beispiels soll auf allgemeine Gegebenheiten
      geschlossen werden

- Beispiel als exemplarische Fälle, die sich verallgemeinern lassen
- = Fallbasiertes Lernen bzw. Case-Based Learning
  o **Beispiel:** im Jura Studium: den Studierenden wird hier ein juristischer Fall vorgegeben, der in
    der Realität so verlaufen ist (so entschieden wurde) und den sie zu bearbeiten haben.

- Lernen mit Hilfe von ausgearbeiteten Lösungsbeispielen
- = „Worked-Out-Examples"
  o **Beispiel:**
    - den Lernenden werden vollständig ausgearbeitete explizierte Lösungsbeispiele
      vorgegeben, bei denen der Lösungsweg genau und detailliert aufgezeigt wird
    - Aufgabe ist beispielhaft schon gelöst
    - Um daraus effektiv lernen zu können, müssen die Lernenden aktiv so genannte
      Elaborationsstrategien anwenden
      - d.h. sie müssen sich die Aufgabe bzw. deren Lösung selbst erklären
      - aus der Lösung Schlüsse ziehen
      - Zusammenhänge erkennen
      - den ganzen Verstehensprozess metakognitiv überwachen (überprüfen, ob
        sie es auch wirklich verstanden haben)

97. Charakterisieren Sie bitte die Lehrmethode „Cognitive Apprenticeship"!
Gehen Sie dabei bitte auf zentrale Annahmen, die sechs Stufen einer Lehrsequenz
und auf die Wirksamkeit der Methode ein!

- Entwicklung in Anlehnung an die handwerkliche Ausbildung
- Im Mittelpunkt steht:
  o die Anleitung der Auszubildenden durch einen Meister
  o Partizipation (Teilnahme) der Lernenden
- in handwerklicher Ausbildung in erster Linie: Erwerb (handwerklicher) Fertigkeiten
- Cognitive Apprenticeship
  o überträgt dieses Vorgehen auf das schulische, kognitive Lernen
  o handelt sich um Ansatz des situierten Lernens:
    - praxisnah angeleitet
    - individualisiert
  o Verlauf des Lernprozesses:
    - zunächst starke Anleitung der Schüler durch den Lehrenden geht
      schrittweise zurück zugunsten einer höheren Selbstständigkeit der
      Lernenden
    - Schüler werden also nach und nach in die Selbstständigkeit entlassen
    - Lernprozess wechselt von einer zunächst hohen Außensteuerung zu
      einer zunehmend hohen Selbststeuerung

- **Gibt Sechs Stufen:**
  o *1. Modellieren:*

- - Lehrende führt Lösung einer Zielaufgabe vor, er demonstriert die zu erlernende Fertigkeit also
  - - Verbalisierung des Vorgehens bei kognitiven Fähigkeiten
  - - intern ablaufenden kognitiven Prozesse müssen also externalisiert werden
  - - Lehrende (in diesem Fall der Lernbegleiter oder der „kognitive Meister") legt sein lernstrategisches Vorgehen offen (er zeigt also bzw. erklärt, welche Strategien er anwendet)
  - - Somit wird die Grundvoraussetzung für das spätere Nachahmen der Schüler gegeben
  - o *2. Coaching (angeleitetes Üben):*
    - - Im Anschluss an die Vorführung des Lehrenden muss der Lernende die Aufgabe ausführen bzw. lösen.
    - - Dabei Betreuung/gezielte Unterstützung durch den Lehrenden
      - - **z.B.** durch notwendige Hinweise, Rückmeldungen oder Erinnerungen, wenn ein Schritt vergessen wurde
  - o *3. Scaffolding und Fading*
    - - Lernhilfen, Lernsteuerung und schrittweiser Rückzug des Lehrenden
    - - Aufbau eines „Lenrgerüsts" zur Erleichterung des Wissensaufbaus
      - - durch die Hilfen, die der Lehrende gibt und die Unterstützung, die er leistet
    - - Schwierige Teilaufgaben können z.T. auch vom Lernenden selbstständig übernommen werden
    - - Lerngerüst erlaubt ein unterstütztes Erproben von Methoden und Strategien, die der Lernende noch nicht allein vollziehen kann
    - - Hilfen werden schrittweise weniger → Lehrende zieht sich zurück und entlässt den Lernenden mehr und mehr in die Selbstständigkeit (Fading)
    - - „Lerngerüst" wird also Schritt für Schritt wieder abgebaut
- - *4. Artikulation:*
  - o Aufforderung der Lernenden, während der Aufgabenbearbeitung ihre Gedanken zu artikulieren
  - o Gelegentlich gezielte Nachfragen vom Lehrenden → zur Diagnose, Lernenden alles verstanden haben
- - *5. Reflexion:*
  - o Nach Abschluss der Aufgabenbearbeitung
  - o Lernenden werden aufgefordert, ihr eigenes Vorgehen und den eigenen Strategieeinsatz mit dem der anderen und dem des Lehrenden zu vergleichen
  - o Durch Überdenken des eigenen Lern- bzw. Arbeitsprozesses wird neue Abstraktionsebene erreicht
- - *6. Exploration:*
  - o Anregung, neue Probleme selbstständig zu explorieren
  - o beschließt den Unterrichtszyklus

- - *Wirksamkeit:*
  - o hat sich in Studien als wirksam erwiesen
  - o Erklärung: durch Verknüpfung der als wirksam erprobten Merkmale direkter Instruktion mit den Vorteilen des selbstständigen, sozialen und nachahmenden Lernens

98. Charakterisieren Sie bitte die Lehrmethode „Anchored Instruction"! Gehen Sie dabei bitte auf zentrale Annahmen, die sechs Gestaltungsprinzipien und die Wirksamkeit der Methode ein!

- handelt es sich um Beispiel des situierten Lernens durch problemorientierte Methoden
- Im Mittelpunkt:
  o „narrativer Anker" =
    - kurze Filmsequenzen in Form von Abenteuer-Geschichten
    - enthalten das zu erlernende konzeptuelle Wissen (z.B. mathematischer oder naturwissenschaftlicher Art)
    - sollen Interesse der Lernenden wecken
    - Auslösung von Identifizierungsprozessen bei den Lernenden
    - Sollen damit die Vorteile des problemlösenden, selbstgesteuerten und kooperativen Lernens nutzen

- **Sechs Gestaltungsprinzipien:**
  o *1. Videobasiertes Format:*
    - Über Filme oder Videos (auch computerbasiert) wird komplexe, authentische Problemsituation in Geschichtenform präsentiert
  o *2. Narrative Struktur:*
    - Über Geschichtenform (vorwiegend Abenteuergeschichten) wird ein den Schülern vertrauter Kontext erzeugt
    - Geschichten sollen in einem Zusammenhang mit den Vorerfahrungen der Lernenden stehen
  o *3. Generatives Problemlösen:*
    - Geschichten enden mit offenen, schlecht definierten Problemen (der Film wird an dieser Stelle angehalten)
    - Lernenden sollen diese selbstständig (bzw. durch Anleitung durch einen Lehrenden) lösen
    - Beispiellösung (im Film) wird erst im Anschluss an die eigenständige Problemlösung gezeigt
  o *4. Selbstständiges Lernen:*
    - Alle für Problemlösung relevanten Informationen sind in der Geschichte enthalten
    - Es ist Aufgabe der Lernenden, die relevanten Informationen selbstständig und kooperativ zu finden und zu integrieren
  o *5. Authentische Probleme:*
    - Problemstellungen sind komplex und lebensnah
    - In Geschichten werden auch überflüssige und widersprüchliche Informationen gegeben
  o *6. Transfer:*
    - Zu jedem Lerninhalt Präsentation zweier verwandter Geschichten, und damit zwei unterschiedliche situative Einbettungen
    - Damit soll Flexibilisierung und Dekontextualisierung der Wissensstrukturen angebahnt werden

- *Wirksamkeit:*
  o gilt insbesondere dann als günstig, wenn den Lernenden seitens der Lehrenden Hilfestellungen geboten werden

- o bzw. wenn für die Lehrenden instruktionale Hilfestellungen im Sinne einer höheren Lenkungskomponente präzisiert werden
- o Die Wirksamkeit solcher Lernmethoden ist also in hohem Maße von der Angemessenheit der praktischen Umsetzung abhängig.

99. Welche Arten von Lernzielen sollen durch kooperatives Lernen gefördert werden und welche Ziele sollen durch kooperatives Lernen noch erworben werden?

- o nicht nur kognitive, sondern auch motivationale und emotionale Lernziele
- o Verbesserung der Qualität und die Anwendbarkeit des erworbenen Wissens
- o Sozialintegrative Wirkung durch gemeinsames Lernen und Arbeiten

100.   Was bedeutet „Kooperative Arbeitstechniken" als Basismerkmal des kooperativen Lernens?

Wichtig ist, dass das Ergebnis durch Zusammenarbeit der Gruppenmitglieder entsteht. Es geht also nicht darum, lediglich eine Arbeitsteilung vorzunehmen, sondern vielmehr darum, dass das Arbeitsergebnis tatsächlich gemeinschaftlich – durch entsprechende Arbeitstechniken und in face-to-face-Arbeitssitzungen – entstehen kann. Dazu sind gute Kommunikationsfähigkeiten
sowie Konfliktlösestrategien notwendig. Außerdem muss ein gutes Gruppenklima aufgebaut werden, die Gruppenmitglieder müssen unterschiedliche Führungspositionen einnehmen
können und Konflikte müssen durch die Gruppe konstruktiv gelöst werden können.
Zu den bekanntesten kooperativen Arbeitstechniken gehören die Gruppenrallye, das Gruppenpuzzle, die Gruppenrecherche und die Skriptkooperation.

101.   Skizzieren sie kurz ein kooperatives Lernarrangement (Lehrformat, das auf kooperatives Lernen baut)!

In dieser Aufgabe war eine der vier von Hasselhorn vorgestellten Gruppenmethoden (Gruppenrallye, Gruppenrecherche, Gruppenpuzzle oder Skriptkooperation) zu beschreiben.
Hier als Beispiel das *Gruppenpuzzle*:
Vier Arbeitsphasen:
- **Einführungsphase:**
Der Lehrende gibt in der Gesamtgruppe einen Überblick über die Gesamtthematik. Anschließend wird die Gesamtgruppe in so genannte „Stammgruppen" von vier bis sechs Mitgliedern unterteilt. Diese sollen leistungsheterogen zusammengestellt sein. Jede Stammgruppe hat den gesamten Lernstoff zu bearbeiten, allerdings arbeitsteilig. Der Stoff wurde vorbereitend vom Lehrenden in Teilgebiete unterteilt. Jedes Gruppenmitglied übernimmt die Verantwortung für ein Teilgebiet.
Online-Vorlesung „Psychologische Grundlagen des Lehrens und Lernens" BA EW / BA PdK
Universität Erfurt SoSe 2008 Prof. Dr. Helmut Niegemann
Seite 2 von 2
- **Erarbeitungsphase:**
Hier findet das eigentliche arbeitsteilige Lernen statt. In dieser Phase treffen sich die Lernenden aus verschiedenen Stammgruppen, die das gleiche Teilgebiet gewählt haben, in so genannten Expertengruppen. In den Expertengruppen wird der Lernstoff selbstständig (aber gemeinsam) erarbeitet und für die Präsentation in den jeweiligen Stammgruppen vorbereitet. In dieser Phase werden die Lernenden in ihrem Teilgebiet zu Experten.

• Vermittlungsphase:
In dieser Phase geben die Experten ihr neu erworbenes Wissen an die Mitglieder ihrer
Stammgruppe weiter. Im Austausch dafür erhalten sie jenes Wissen, das sich ihre
jeweiligen Stammgruppenkollegen in den anderen Expertengruppen angeeignet haben.
Wie in einem Puzzle werden in der Vermittlungsphase die einzelnen Wissensteile
zu einem Ganzen zusammengesetzt.
• Phase der Evaluation und Integration:
In dieser Phase bearbeiten die Lernenden individuell, in Kleingruppen oder in der gesamten
Klasse Aufgaben, in denen alle Wissensteile integriert werden müssen.

Mein Beispiel:
- Gruppenrallye:
  - Auf Grundlage der Theorie motivationaler Anreize
  - Wettbewerbscharakter
  - Motivationale Anreize
  - Gruppenspiele, bei denen die Lerngruppen gegeneinander antreten
  - Mittglieder der Lerngruppe haben gemeinsames Gruppenziel und bekommen
    Gruppenbelohnung:
  - Positive Interdepenz durch Gruppenbelohnung und durch gemeinsames Ziel
  - Gruppen bilden (4-5 Mitglieder)
  - Leistungsheterogen, aber über Teams hinweg vergleichbar starke Gruppen
    zusammenstellen
  - Dann muss jeder individuell Aufgabe bearbeiten
  - Dann Lösung der Aufgabe in Gruppe besprechen
  - Danach wird Gruppentest geschrieben (wieder individuelle Beantwortung)
  - Bewertung mithilfe von individuellen Fortschrittspunkten
    - Test am Anfang mit Test am Ende von jedem Schüler vergleichen
    - Punkte auf Steigerung der Leistung geben
    - Diese werden zusammenaddiert